Copyright © 2024 von Dominik Schiffer

Alle Rechte vorbehalten. Kein Teil dieses Buches darf ohne vorherige schriftliche Genehmigung des Herausgebers in irgendeiner Form oder mit irgendwelchen Mitteln, einschließlich Fotokopieren, Aufzeichnen oder anderen elektronischen oder mechanischen Verfahren, reproduziert, verbreitet oder übertragen werden, außer im Falle kurzer Zitate in kritischen Rezensionen und bestimmter anderer nichtkommerzieller Verwendungen, die durch das Urheberrecht gestattet sind. Genehmigungsanfragen richten Sie bitte schriftlich an den Herausgeber unter der unten angegebenen Adresse: „Attention: Permissions Coordinator".

Dominik Schiffer

Bestellinformationen:

Sonderrabatte sind bei Mengenkäufen für Unternehmen, Vereine und andere verfügbar.

Nähere Informationen erhalten Sie bei der „Abteilung für Sonderverkäufe" unter der oben genannten Adresse.

Gedruckt in den Vereinigten Staaten von Amerika
Erster Druck, 2024

Haftungsausschluss:

Die in diesem Buch bereitgestellten Informationen dienen ausschließlich Bildungszwecken. Der Autor und der Herausgeber erteilen keine Rechts-, Finanz- oder Fachberatung. Obwohl alle Anstrengungen unternommen wurden, um sicherzustellen, dass die bereitgestellten Informationen korrekt und aktuell sind, können der Autor und der Herausgeber nicht für Fehler oder Auslassungen oder für Folgen im Zusammenhang mit der Verwendung dieser Informationen haftbar gemacht werden.

INHALTSVERZEICHNIS

Vorwort

Einführung

Kapitel 1: Immobilieninvestitionen

Kapitel 2: Dividendenaktien

Kapitel 3: Peer-to-Peer-Kredite

Kapitel 4: Einen Online-Kurs erstellen

Kapitel 5: Schreiben und Verkaufen von E-Books

Kapitel 6: Affiliate-Marketing

Kapitel 7: Bloggen als Einkommensquelle

Kapitel 8: Erstellen eines YouTube-Kanals

Kapitel 9: Lizenzierung Ihrer Fotografie

Kapitel 10: In Anleihen investieren

Kapitel 11: Erstellen einer App oder Software

Kapitel 12: Dropshipping und E-Commerce

Kapitel 13: Erstellen einer Mitglieder-Site

Kapitel 14: Print on Demand

Kapitel 15: In Kryptowährungen investieren

Kapitel 16: Erstellen einer Nischen-Website

Kapitel 17: Entwicklung des geistigen Eigentums

Kapitel 18: Automatisieren und Verwalten von Einkommensströmen

Abschluss
Danksagung

Passive Einkommensströme: Schaffung mehrerer Einkommensquellen für finanzielle Freiheit

Autor
Dominik Schiffer

Vorwort

In einer Welt, in der finanzielle Stabilität oft schwer zu erreichen scheint, hat das Konzept des passiven Einkommens erheblich an Bedeutung gewonnen. Viele von uns träumen davon, sich von den Zwängen eines traditionellen 9-bis-5-Jobs zu befreien und finanzielle Freiheit zu erlangen. „Passive Einkommensströme: Schaffung mehrerer Einkommensquellen für finanzielle Freiheit" ist ein umfassender Leitfaden, der Ihnen dabei helfen soll, diesen Traum Wirklichkeit werden zu lassen.

Der Weg zur finanziellen Unabhängigkeit ist nicht einfach, aber machbar. Dieses Buch soll Ihnen das Wissen, die Werkzeuge und die Strategien vermitteln, die Sie brauchen, um mehrere passive Einkommensquellen aufzubauen. Egal, ob Sie gerade erst anfangen oder Ihre bestehenden Einkommensquellen erweitern möchten, dieses Buch bietet wertvolle Einblicke und praktische Ratschläge.

Die Inspiration für dieses Buch kam aus meinen eigenen Erfahrungen. Auch ich war einmal in dem Kreislauf gefangen, Zeit gegen Geld zu tauschen, und hoffte immer auf einen Ausweg. Durch jahrelange Recherche, Ausprobieren und Lernen von anderen entdeckte ich verschiedene Methoden, um passives Einkommen zu generieren. Diese Reise veränderte nicht nur meine finanzielle Situation, sondern gab mir auch die Freiheit, mein Leben nach meinen Vorstellungen zu leben.

„Passive Einkommensströme" deckt ein breites Themenspektrum ab, von Immobilieninvestitionen und Dividendenaktien bis hin zur Erstellung von Online-Kursen und Affiliate-Marketing. Jedes Kapitel befasst sich mit verschiedenen Möglichkeiten für passives Einkommen und bietet eine Schritt-für-Schritt-Anleitung, die Ihnen den Einstieg erleichtert. Sie lernen, wie Sie Ihre finanziellen Ziele bewerten, die richtigen Möglichkeiten für sich identifizieren und Strategien implementieren, um Ihre Einkommensströme effektiv aufzubauen und zu verwalten.

Einer der wichtigsten Grundsätze, die in diesem Buch betont werden, ist die Bedeutung der Diversifizierung. Sich auf eine einzige Einkommensquelle zu verlassen, kann riskant sein. Indem Sie Ihre Einkommensströme diversifizieren, können Sie eine stabilere und sicherere finanzielle Zukunft schaffen. Dieses Buch erklärt nicht nur die Theorie hinter passivem Einkommen, sondern bietet auch praktische Schritte zur Diversifizierung Ihres Portfolios.

Beim Lesen der Kapitel finden Sie Beispiele aus dem echten Leben, praktische Tipps und Expertenratschläge, die Sie auf Ihrem Weg begleiten. Das Ziel ist, Ihnen das Wissen und das Selbstvertrauen zu vermitteln, um Ihr finanzielles Schicksal selbst in die Hand zu nehmen.

In diesem Buch geht es nicht nur darum, Geld zu verdienen; es geht darum, Freiheit zu erlangen – Freiheit, Zeit mit geliebten Menschen zu verbringen, Leidenschaften nachzugehen und ein Leben voller Wahlmöglichkeiten und Fülle zu führen. Finanzielle Freiheit ist eine Reise, und mit den richtigen Werkzeugen und der richtigen Einstellung ist sie in Ihrer Reichweite.

Ich hoffe, dass dieses Buch Ihnen auf Ihrem Weg zur finanziellen Unabhängigkeit eine wertvolle Hilfe ist. Möge es Sie dazu inspirieren, aktiv zu werden, neue Möglichkeiten zu erkunden und eine Zukunft aufzubauen, in der finanzielle Freiheit nicht nur ein Traum, sondern Realität ist.

Vielen Dank, dass Sie sich mit mir auf diese Reise begeben. Auf Ihren Erfolg und Ihre finanzielle Freiheit!

Aufrichtig,

Grégoire Lang

Einführung

In der heutigen schnelllebigen Welt scheint finanzielle Stabilität eher ein ferner Traum als eine greifbare Realität zu sein. Der traditionelle Weg, einen Job zu haben, jahrzehntelang unermüdlich zu arbeiten und mit einem festen Einkommen in den Ruhestand zu gehen, reicht vielen nicht mehr aus. Diese Erkenntnis hat zu einem wachsenden Interesse an alternativen Wegen geführt, um finanzielle Freiheit zu erreichen. Hier kommt passives Einkommen ins Spiel – der Schlüssel zu einem Leben, in dem das Geld für Sie arbeitet und nicht umgekehrt.

Passives Einkommen ist per Definition ein Einkommen, das mit minimalem Aufwand oder aktiver Beteiligung erzielt wird. Im Gegensatz zu aktivem Einkommen, das Ihren kontinuierlichen Einsatz erfordert, können Sie mit passiven Einkommensströmen Geld verdienen, während Sie schlafen, reisen oder Aktivitäten nachgehen, die Ihnen wirklich Spaß machen. Der Reiz des passiven Einkommens liegt in seinem Potenzial, finanzielle Sicherheit und Unabhängigkeit zu bieten, Sie von den Zwängen eines traditionellen Jobs zu befreien und Ihnen zu ermöglichen, Ihr Leben nach Ihren eigenen Vorstellungen zu leben.

Dieses Buch, „Passive Einkommensströme: Schaffung mehrerer Einkommensquellen für finanzielle Freiheit", soll Ihr umfassender Leitfaden auf dem Weg zur finanziellen Unabhängigkeit sein. Egal, ob Sie gerade erst anfangen oder Ihre bestehenden Einkommensströme erweitern möchten, dieses Buch vermittelt Ihnen das Wissen, die Strategien und die Werkzeuge, die Sie benötigen, um mehrere Quellen passiven Einkommens aufzubauen und zu verwalten.

Passives Einkommen verstehen

Bevor wir uns in die Einzelheiten vertiefen, ist es wichtig, das Konzept des passiven Einkommens vollständig zu verstehen. Passives

Einkommen ist kein Schema, mit dem man schnell reich wird; es erfordert anfänglichen Aufwand, Planung und manchmal Investitionen. Sobald passive Einkommensströme jedoch etabliert sind, können sie mit minimalem laufenden Aufwand Einnahmen generieren.

Es gibt verschiedene Formen des passiven Einkommens, unter anderem:

- **Immobilieninvestitionen:** Einnahmen aus Mietobjekten, Immobilien-Crowdfunding und Real Estate Investment Trusts (REITs).
- **Dividendenaktien:** Erträge aus Investitionen in dividendenzahlende Aktien.
- **Peer-to-Peer-Kredite:** Erträge aus der Kreditvergabe an Privatpersonen oder kleine Unternehmen über Online-Plattformen.
- **Online-Kurse und E-Books:** Einnahmen aus der Erstellung und dem Verkauf digitaler Produkte.
- **Affiliate-Marketing**: Provisionen, die durch die Werbung für Produkte oder

Dienstleistungen anderer Unternehmen verdient werden.
- **Blogging und YouTube-Kanäle:** Werbe- und Sponsoringeinnahmen aus der Erstellung von Inhalten.
- **Fotografielizenzen:** Lizenzgebühren aus der Lizenzierung von Fotos an verschiedene Plattformen.
- **Anleihen und Kryptowährungen:** Zinsen und Kapitalgewinne aus Finanzinstrumenten.
- **Apps und Software:** Einnahmen aus dem Verkauf oder der Lizenzierung digitaler Produkte.
- **E-Commerce und Dropshipping:** Gewinne aus dem Online-Verkauf von Produkten.

Jede dieser Einkommensquellen hat ihre eigenen Vorteile, Risiken und Anforderungen. Der Schlüssel zur erfolgreichen Generierung passiven Einkommens ist die Diversifizierung – die Verteilung Ihrer Investitionen und Bemühungen auf mehrere Quellen, um das Risiko zu minimieren und die Rendite zu maximieren.

Die Bedeutung der Diversifizierung

Diversifizierung ist ein grundlegendes Prinzip bei der Generierung passiven Einkommens. Sich auf eine einzige Einkommensquelle zu verlassen, ist riskant; Konjunkturabschwünge, Marktschwankungen oder Änderungen der Branchenvorschriften können Ihre Einnahmen erheblich beeinträchtigen. Durch Diversifizierung können Sie eine robustere und stabilere finanzielle Grundlage schaffen.

Wenn Sie beispielsweise ausschließlich in Immobilien investieren, könnte ein Abschwung auf dem Immobilienmarkt Ihr Einkommen drastisch beeinträchtigen. Wenn Sie jedoch auch in Dividendenaktien, einen Online-Kurs und einen Blog investieren, werden die Auswirkungen des Rückgangs einer einzelnen Einnahmequelle durch die anderen abgemildert. Durch Diversifizierung können Sie das Risiko streuen und verschiedene Marktchancen nutzen.

Finanzielle Ziele setzen

Bevor Sie sich auf die Reise zum passiven Einkommen begeben, ist es wichtig, klare finanzielle Ziele festzulegen. Was hoffen Sie zu erreichen? Wie viel passives Einkommen benötigen Sie, um Ihre Ausgaben zu decken oder finanziell unabhängig zu werden? Das Setzen spezifischer, messbarer, erreichbarer, relevanter und zeitgebundener (SMART) Ziclc bietet Ihnen einen Fahrplan für Ihre Reise.

Berücksichtigen Sie Ihre aktuelle finanzielle Situation und Ihre zukünftigen Bedürfnisse. Möchten Sie Ihr bestehendes Einkommen aufbessern, für den Ruhestand sparen oder völlige finanzielle Unabhängigkeit erreichen? Wenn Sie Ihre Ziele verstehen, können Sie die richtigen passiven Einkommensquellen auswählen und Ressourcen effektiv zuweisen.

Aufbau und Verwaltung passiver Einkommensströme

Die Schaffung mehrerer passiver Einkommensströme erfordert sorgfältige Planung, Recherche und Umsetzung. Hier sind einige Schritte, die Sie durch den Prozess führen:

1. **Recherche und Bildung:** Erlangen Sie ein umfassendes Verständnis der verschiedenen Arten passiver Einkommensströme. Lesen Sie Bücher, nehmen Sie an Online-Kursen teil, besuchen Sie Seminare und holen Sie sich Rat von Experten. Je mehr Wissen Sie haben, desto besser sind Sie darauf vorbereitet, fundierte Entscheidungen zu treffen.

2. **Klein anfangen:** Beginnen Sie mit ein oder zwei passiven Einkommensquellen, die Ihren Interessen, Fähigkeiten und Ihrer finanziellen Leistungsfähigkeit entsprechen. Klein anzufangen ermöglicht Ihnen, zu lernen und sich anzupassen, ohne sich selbst zu überfordern.

3. **Investieren Sie mit Bedacht:** Wenn die von Ihnen gewählten passiven Einkommensströme eine Anfangsinvestition erfordern, stellen Sie sicher, dass Sie gründlich recherchieren und sorgfältig vorgehen. Bewerten Sie die Risiken und potenziellen Erträge, bevor Sie Ihr Geld investieren.

4. **Technologie nutzen:** Nutzen Sie Online-Plattformen, Tools und Software, um Ihre Bemühungen zu optimieren. Technologie kann helfen, Prozesse zu automatisieren, Investitionen zu verwalten und Ihren Fortschritt zu verfolgen.

5. **Überwachen und anpassen:** Überprüfen Sie regelmäßig die Leistung Ihrer Einnahmequellen und nehmen Sie die erforderlichen Anpassungen vor. Märkte und Branchen entwickeln sich weiter. Wenn Sie auf dem Laufenden bleiben, können Sie sich an Änderungen anpassen und Ihre Einnahmen optimieren.

6. **Reinvestieren und skalieren:** Wenn Ihr passives Einkommen wächst, sollten Sie erwägen, Ihre Einnahmen zu reinvestieren, um Ihre bestehenden Einnahmen zu skalieren oder neue Möglichkeiten zu erkunden. Reinvestitionen können Ihren Weg zur finanziellen Freiheit beschleunigen.

Gängige passive Einkommensströme untersucht

Lassen Sie uns tiefer in einige der beliebtesten und effektivsten passiven Einkommensquellen eintauchen. Jedes Kapitel dieses Buches enthält detaillierte Informationen, praktische Schritte und Beispiele aus der Praxis, die Ihnen den Einstieg erleichtern.

Immobilieninvestitionen: Immobilien sind eine der ältesten und zuverlässigsten Formen passiven Einkommens. Mietobjekte können einen stetigen Cashflow liefern, während Immobilien-Crowdfunding und REITs Möglichkeiten für diejenigen mit begrenztem

Kapital bieten. Das Verständnis von Markttrends, Immobilienverwaltung und Finanzierungsoptionen ist entscheidend für den Erfolg im Immobilienbereich.

Dividendenaktien: Durch die Investition in dividendenzahlende Aktien können Sie regelmäßiges Einkommen aus Ihren Investitionen erzielen. In diesem Kapitel erfahren Sie, wie Sie Dividendenaktien auswählen, welche Vorteile Dividenden-Reinvestitionspläne (DRIPs) bieten und wie Sie ein diversifiziertes Portfolio aufbauen können.

Peer-to-Peer-Kredite: P2P-Kreditplattformen verbinden Anleger mit Kreditnehmern und bieten potenziell höhere Renditen als herkömmliche Sparkonten. Wir untersuchen die Risiken und Vorteile von P2P-Krediten und geben Tipps zur Auswahl vertrauenswürdiger Plattformen und zur Verwaltung Ihrer Investitionen.

Online-Kurse und E-Books: Das digitale Zeitalter hat Content-Erstellern zahlreiche Möglichkeiten eröffnet. Egal, ob Sie Experte auf einem bestimmten Gebiet sind oder eine Leidenschaft für das Unterrichten haben, das Erstellen von Online-Kursen und E-Books kann eine lukrative passive Einnahmequelle sein. Dieses Kapitel führt Sie durch den Prozess der Identifizierung einer Nische, der Erstellung von Inhalten und der Vermarktung Ihrer Produkte.

Affiliate-Marketing: Indem Sie Produkte oder Dienstleistungen über Affiliate-Links bewerben, können Sie Provisionen auf Verkäufe verdienen, die durch Ihre Empfehlungen generiert werden. In diesem Kapitel wird erklärt, wie Sie Affiliate-Programme finden, Links in Ihren Inhalt integrieren und Ihre Marketingbemühungen optimieren, um den Gewinn zu maximieren.

Bloggen und YouTube-Kanäle: Die Erstellung von Inhalten über Blogs und YouTube-Kanäle kann durch Werbung,

Sponsoring und Affiliate-Marketing Einnahmen generieren. Wir besprechen, wie Sie eine Nische finden, ein Publikum aufbauen und Ihre Inhalte effektiv monetarisieren.

Fotolizenzen: Wenn Sie ein Händchen für Fotografie haben, können Sie mit der Lizenzierung Ihrer Fotos eine passive Einnahmequelle erzielen. In diesem Kapitel werden die gefragten Fototypen, Plattformen zum Verkauf Ihrer Arbeiten und Tipps zur Maximierung Ihrer Einnahmen behandelt.

Anleihen und Kryptowährungen: Die Investition in Anleihen bietet eine relativ risikoarme Möglichkeit, passives Einkommen zu erzielen, während Kryptowährungen ein höheres Risiko, aber potenziell höhere Erträge bergen. Wir werden beide Optionen untersuchen, einschließlich Strategien zur Risikobewältigung und Renditemaximierung.

Apps und Software: Die Entwicklung und der Verkauf von Apps oder Software kann eine äußerst lukrative passive Einnahmequelle sein. Dieses Kapitel führt Sie durch die Prozesse der Ideenfindung, Entwicklung und Monetarisierung.

E-Commerce und Dropshipping: Wenn Sie einen Online-Shop betreiben oder Dropshipping betreiben, können Sie Produkte verkaufen, ohne dass Sie eine Lagerverwaltung benötigen. Wir besprechen, wie Sie Ihren Shop einrichten, Lieferanten finden und Ihre Produkte effektiv vermarkten.

Die Rolle der Automatisierung

Automatisierung spielt eine wichtige Rolle bei der Verwaltung passiver Einkommensströme. Durch den Einsatz von Technologie können Sie sich wiederholende Aufgaben automatisieren, die Leistung verfolgen und Ihre Bemühungen optimieren. Automatisierungstools können bei E-Mail-Marketing, Social-Media-Management, Finanzverfolgung und vielem mehr helfen, sodass Sie sich auf strategische Entscheidungen und Wachstum konzentrieren können.

Herausforderungen meistern

Der Aufbau mehrerer passiver Einkommensströme ist nicht ohne Herausforderungen. Sie müssen Marktschwankungen meistern, Risiken managen und über Branchentrends informiert bleiben. Ausdauer, Anpassungsfähigkeit und Lernbereitschaft sind wesentliche Eigenschaften für den Erfolg. Dieses Buch bietet Strategien, um gängige Hindernisse zu überwinden und auf Ihrem Weg motiviert zu bleiben.

Langfristige Planung und finanzielle Sicherheit

Finanzielle Freiheit zu erreichen ist nicht das Endziel; sie zu erhalten erfordert kontinuierliche Anstrengung und Planung. Langfristige finanzielle Sicherheit beinhaltet das Setzen realistischer Ziele, die regelmäßige Überprüfung Ihrer Fortschritte und das Vornehmen von

Anpassungen nach Bedarf. Dieses Buch bietet Anleitungen zum Erstellen eines Plans für passives Einkommen, zum Setzen von Meilensteinen und zur Sicherstellung Ihrer finanziellen Stabilität für die kommenden Jahre. Das Streben nach passivem Einkommen ist eine Reise in Richtung finanzieller Freiheit und einem Leben im Überfluss. Indem Sie die verschiedenen Einkommensströme verstehen, Ihre Bemühungen diversifizieren und die Technologie nutzen, können Sie eine stabile und widerstandsfähige finanzielle Zukunft schaffen. Dieses Buch ist als Ihr Leitfaden konzipiert und bietet Ihnen das Wissen, die Werkzeuge und die Inspiration, die Sie zum Erreichen Ihrer finanziellen Ziele benötigen.

Vielen Dank, dass Sie sich mit mir auf diese Reise begeben. Ich hoffe, dass dieses Buch Ihnen eine wertvolle Ressource ist und Sie zu der finanziellen Freiheit führt, die Sie verdienen. Denken Sie daran, der Schlüssel zum Erfolg liegt darin, aktiv zu werden, beharrlich zu bleiben und ständig nach neuen Möglichkeiten zu suchen.

Kapitel 1: Immobilieninvestitionen

Immobilien gelten seit langem als eine der zuverlässigsten und profitabelsten Möglichkeiten, Vermögen aufzubauen und passives Einkommen zu erzielen. Im Gegensatz zu vielen anderen Anlageformen sind Immobilien materielle Vermögenswerte, die im Laufe der Zeit an Wert gewinnen, einen konstanten Cashflow generieren und verschiedene Steuervorteile bieten. In diesem Kapitel werden wir die verschiedenen Möglichkeiten der Immobilieninvestition, die mit jeder Methode verbundenen Vorteile und Risiken sowie praktische Schritte untersuchen, die Ihnen den Einstieg in Ihre Immobilieninvestition erleichtern.

Immobilieninvestitionen verstehen

Immobilieninvestitionen umfassen den Kauf, Besitz, die Verwaltung, Vermietung oder den Verkauf von Immobilien zum Zwecke der Gewinnerzielung. Sie umfassen eine breite Palette von Immobilienarten, darunter Wohn-, Gewerbe- und Industrieimmobilien. Das Hauptziel von Immobilieninvestitionen besteht darin, passives Einkommen durch Mieteinnahmen, Wertsteigerung der Immobilie oder beides zu erzielen.

Es gibt mehrere Hauptarten von Immobilieninvestitionen:

1. **Mietobjekte**
2. **Immobilien-Crowdfunding**
3. **Real Estate Investment Trusts (REITs)**

Jede Anlageart hat ihre eigenen Vorteile, Herausforderungen und Renditepotenziale. Lassen Sie uns die einzelnen Arten genauer betrachten, um zu verstehen, wie sie als effektive passive Einkommensquellen dienen können.

Mietobjekte

Mietobjekte sind eine der beliebtesten Formen der Immobilieninvestition. Sie bieten das Potenzial für ein regelmäßiges monatliches Einkommen und eine langfristige Wertsteigerung. Mietobjekte können Wohnzwecke (Einfamilienhäuser, Wohnungen oder Mehrfamilienhäuser) oder Gewerbezwecke (Bürogebäude, Einzelhandelsflächen oder Industrieimmobilien) sein.

Vorteile von Mietobjekten

1. **Stabiler Cashflow**: Mietobjekte bieten eine regelmäßige Einnahmequelle durch monatliche Mietzahlungen der Mieter.
2. **Wertsteigerung der Immobilie**: Im Laufe der Zeit steigt der Wert von Immobilien im Allgemeinen an, sodass erhebliche Kapitalgewinne möglich sind.

3. **Hebelwirkung**: Bei Immobilien können Sie einen erheblichen Teil der Investition mit geliehenem Geld finanzieren und so die potenzielle Rendite steigern.

4. **Steuervorteile**: Eigentümer von Mietobjekten können von verschiedenen Steuerabzügen profitieren, darunter Hypothekenzinsen, Grundsteuern, Instandhaltungskosten und Abschreibungen.

Schritte zur Investition in Mietobjekte

1. **Recherche und Bildung**: Informieren Sie sich über den Markt, Anlagestrategien und Immobilienverwaltung, bevor Sie in Mietimmobilien investieren. Bücher, Online-Kurse und Immobilienseminare können wertvolle Ressourcen sein.

2. **Definieren Sie Ihre Anlageziele**: Bestimmen Sie Ihre finanziellen Ziele und Ihre Risikobereitschaft. Sind Sie auf der Suche nach langfristiger Wertsteigerung, monatlichem

Cashflow oder einer Kombination aus beidem? Ihre Ziele bestimmen Ihre Anlagestrategie.

3. **Wählen Sie einen Markt**: Der Standort ist bei Immobilieninvestitionen entscheidend. Suchen Sie nach Märkten mit starker Mietnachfrage, Bevölkerungswachstum und wirtschaftlicher Stabilität. Informieren Sie sich über lokale Immobilienwerte, Mietpreise und Leerstandsquoten.

4. **Finanzplanung**: Bewerten Sie Ihre finanzielle Situation und bestimmen Sie, wie viel Sie investieren können. Berücksichtigen Sie Ihre Anzahlung, Finanzierungsmöglichkeiten und mögliche Renovierungskosten. Es ist wichtig, einen soliden Finanzplan zu haben.

5. **Immobiliensuche und Due Diligence**: Beginnen Sie mit der Suche nach Immobilien, die Ihren Kriterien entsprechen. Nutzen Sie Online-Immobilienplattformen, arbeiten Sie mit Immobilienmaklern zusammen und nehmen Sie an Immobilienauktionen teil. Führen Sie eine

gründliche Due Diligence durch, einschließlich Immobilieninspektionen, Titelrecherchen und Nachbarschaftsanalysen.

6. **Finanzierung**: Sichern Sie sich die Finanzierung durch eine Hypothek oder andere Finanzierungsoptionen. Vergleichen Sie Zinssätze, Kreditbedingungen und Anforderungen des Kreditgebers. Stellen Sie sicher, dass Sie eine gute Kreditwürdigkeit und ausreichende Mittel für die Anzahlung haben.

7. **Hausverwaltung**: Entscheiden Sie, ob Sie die Immobilie selbst verwalten oder eine Hausverwaltungsfirma beauftragen. Die Verwaltung der Immobilie selbst kann Geld sparen, erfordert aber Zeit und Mühe. Eine Hausverwaltungsfirma kann die Mieterprüfung, das Einziehen der Miete, die Instandhaltung und andere Aufgaben übernehmen.

8. **Mieterprüfung**: Für eine erfolgreiche Investition in Mietobjekte ist es entscheidend, zuverlässige Mieter zu finden. Führen Sie

gründliche Hintergrundprüfungen und Bonitätsprüfungen durch und überprüfen Sie die Beschäftigungs- und Miethistorie. Ein guter Mieter kann konstante Mieteinnahmen sicherstellen und Sachschäden minimieren.

9. **Laufende Verwaltung**: Pflegen Sie die Immobilie regelmäßig, gehen Sie auf die Anliegen der Mieter ein und führen Sie detaillierte Aufzeichnungen über Ausgaben und Einnahmen. Eine proaktive Immobilienverwaltung kann dazu beitragen, den Wert der Immobilie zu erhalten und die Zufriedenheit der Mieter sicherzustellen.

Herausforderungen und Risiken

Mietobjekte bieten zwar zahlreiche Vorteile, bringen aber auch Herausforderungen und Risiken mit sich:

1. **Immobilienverwaltung**: Die Verwaltung von Mietobjekten kann zeitaufwändig sein und erfordert den Umgang mit Mietern,

Wartungsproblemen und rechtlichen Angelegenheiten.

2. **Leerstand**: Leerstand kann zu Mieteinbußen führen. Eine effektive Mieterprüfung und Instandhaltung einer attraktiven Immobilie kann dazu beitragen, Leerstände zu minimieren.

3. **Marktschwankungen**: Immobilienmärkte können unvorhersehbar sein. Konjunkturabschwünge, Veränderungen der lokalen Nachfrage oder Naturkatastrophen können sich auf den Immobilienwert und die Mieteinnahmen auswirken.

4. **Finanzierungsrisiken**: Zinsschwankungen, Änderungen der Kreditvergaberichtlinien und die Verfügbarkeit von Finanzierungen können sich auf Ihre Investition auswirken.

5. **Rechtliche und regulatorische Fragen**: Immobilieninvestitionen unterliegen verschiedenen Gesetzen und Vorschriften, darunter Mietrecht, Flächennutzungsgesetze und Grundsteuern. Informiert zu bleiben und die Vorschriften einzuhalten, ist unerlässlich.

Trotz dieser Herausforderungen bleiben Mietobjekte eine lukrative und beliebte Form des passiven Einkommens. Mit der richtigen Recherche, Planung und Verwaltung können sie eine zuverlässige Einnahmequelle und einen langfristigen Vermögensaufbau bieten.

Immobilien-Crowdfunding

Immobilien-Crowdfunding ist ein relativ neues Anlagemodell, das es einzelnen Anlegern ermöglicht, ihre Ressourcen zu bündeln, um in Immobilienprojekte zu investieren. Dieser Ansatz bietet Zugang zu Immobilienmöglichkeiten, die für einzelne Anleger aufgrund des hohen Kapitalbedarfs möglicherweise unerreichbar sind.

Vorteile von Immobilien-Crowdfunding

1. **Geringere Kapitalanforderungen**: Crowdfunding-Plattformen ermöglichen es Ihnen, mit relativ kleinen Beträgen in

Immobilien zu investieren, wodurch diese einem breiteren Anlegerkreis zugänglich werden.
2. **Diversifikation**: Indem Sie Ressourcen mit anderen Investoren bündeln, können Sie Ihre Immobilieninvestitionen auf mehrere Objekte und Standorte diversifizieren.
3. **Passive Investition**: Immobilien-Crowdfunding ist eine passive Investition. Die Plattform oder der Projektsponsor verwaltet die Immobilie, sodass Sie passives Einkommen erzielen können, ohne die Verantwortung für die Immobilienverwaltung zu tragen.
4. **Zugang zu Premium-Immobilien**: Crowdfunding-Plattformen bieten häufig Zugang zu hochwertigen, professionell verwalteten Immobilien, die einzelne Anleger möglicherweise nicht alleine erwerben könnten.

Schritte zur Investition in Immobilien-Crowdfunding

1. **Recherchieren und wählen Sie eine Plattform**: Es gibt zahlreiche Crowdfunding-Plattformen für Immobilien, jede mit

unterschiedlichen Anlagemöglichkeiten, Mindestanlagebeträgen und Gebührenstrukturen. Recherchieren und vergleichen Sie Plattformen, um eine zu finden, die Ihren Anlagezielen und Ihrer Risikobereitschaft entspricht.

2. **Verstehen Sie die Investition**: Überprüfen Sie die Details der Investitionsmöglichkeit gründlich, einschließlich der Art der Immobilie, des Standorts, der erwarteten Rendite, der Investitionsdauer und der damit verbundenen Risiken. Die meisten Plattformen bieten detaillierte Prospekte und Finanzprognosen.

3. **Diversifizieren Sie Ihre Investitionen**: Um das Risiko zu minimieren, sollten Sie in mehrere Crowdfunding-Projekte mit unterschiedlichen Immobilienarten und Standorten investieren. Diversifizierung kann dazu beitragen, Ihr Anlageportfolio vor Marktschwankungen und projektspezifischen Risiken zu schützen.

4. **Performance überwachen**: Obwohl Crowdfunding eine passive Investition ist, ist es dennoch wichtig, die Performance Ihrer Investitionen zu überwachen. Überprüfen Sie regelmäßig Updates der Plattform und bleiben Sie über den Immobilienmarkt informiert.

Herausforderungen und Risiken

Immobilien-Crowdfunding bietet zwar zahlreiche Vorteile, bringt aber auch gewisse Risiken mit sich:

1. **Plattformrisiko**: Der Erfolg Ihrer Investition hängt von der Zuverlässigkeit und den Managementfähigkeiten der Crowdfunding-Plattform und der Projektsponsoren ab.
2. **Liquiditätsrisiko**: Crowdfunding-Investitionen sind typischerweise illiquide, was bedeutet, dass Sie Ihre Anteile möglicherweise nicht einfach verkaufen oder die Investition vor dem Ende der Investitionslaufzeit beenden können.

3. **Marktrisiko**: Wie bei jeder Immobilieninvestition können die Marktbedingungen den Immobilienwert und die Mieteinnahmen beeinflussen. Konjunkturabschwünge oder Veränderungen der lokalen Nachfrage können Ihre Rendite beeinträchtigen.
4. **Regulierungsrisiko**: Immobilien-Crowdfunding unterliegt der behördlichen Aufsicht und Änderungen der Vorschriften könnten sich auf die Verfügbarkeit oder die Bedingungen von Investitionsmöglichkeiten auswirken.

Trotz dieser Risiken kann Immobilien-Crowdfunding eine attraktive Option für Anleger sein, die ihr Portfolio diversifizieren und passives Einkommen aus Immobilien erzielen möchten, ohne die mit dem direkten Besitz einer Immobilie verbundenen Verpflichtungen zu haben.

Immobilieninvestmentfonds (REITs)

Real Estate Investment Trusts (REITs) sind Unternehmen, die einkommensgenerierende Immobilien in verschiedenen Sektoren besitzen, betreiben oder finanzieren. REITs bieten Einzelanlegern die Möglichkeit, in große, einkommensgenerierende Immobilien zu investieren, ohne die Immobilien direkt zu besitzen. Laut Gesetz müssen REITs mindestens 90 % ihres steuerpflichtigen Einkommens als Dividende an die Aktionäre ausschütten.

Vorteile von REITs

1. **Liquidität**: Im Gegensatz zu direkten Immobilieninvestitionen werden REITs öffentlich an den großen Börsen gehandelt, was Liquidität bietet und den Kauf und Verkauf von Anteilen erleichtert.
2. **Diversifikation**: REITs investieren typischerweise in ein diversifiziertes Portfolio von Immobilien in verschiedenen Sektoren, wie Wohnen, Gewerbe, Industrie und Gesundheitswesen. Diese Diversifikation

reduziert das Risiko und bietet Zugang zu verschiedenen Immobilienmärkten.

3. **Regelmäßiges Einkommen**: REITs sind verpflichtet, einen erheblichen Teil ihrer Erträge als Dividenden auszuschütten und so den Anlegern ein stetiges passives Einkommen zu sichern.

4. **Professionelles Management**: REITs werden von professionellen Teams verwaltet, die über Fachkenntnisse im Erwerb, der Entwicklung und der Verwaltung von Immobilien verfügen und so einen effizienten und effektiven Immobilienbetrieb gewährleisten.

Arten von REITs

1. **Equity REITs**: Diese REITs besitzen und betreiben einkommensgenerierende Immobilien. Sie erwirtschaften Einnahmen hauptsächlich durch Mieteinnahmen aus ihren Immobilien und Wertsteigerungen der Immobilien.

2. **Mortgage REITs**: Diese REITs finanzieren einkommensgenerierende

Immobilien durch den Kauf oder die Vergabe von Hypotheken und hypothekenbesicherten Wertpapieren. Sie generieren Einkommen durch die Zinsen der Hypotheken.

3. **Hybrid-REITs**: Diese REITs kombinieren die Anlagestrategien von Equity-REITs und Mortgage-REITs, besitzen Immobilien und vergeben Immobiliendarlehen.

Schritte zur Investition in REITs

1. **REITs recherchieren und auswählen**: Recherchieren Sie verschiedene REITs, um deren Anlageschwerpunkt, Immobilienportfolio, finanzielle Performance und Managementteam zu verstehen. Berücksichtigen Sie Faktoren wie Dividendenrendite, historische Performance und Marktbedingungen.

2. **Diversifizieren Sie Ihr REIT-Portfolio**: Um das Risiko zu minimieren, investieren Sie in einen Mix aus REITs, die unterschiedliche Sektoren und geografische Standorte abdecken.

Diversifizierung kann dazu beitragen, Ihre Investition vor sektorspezifischen Abschwüngen zu schützen.

3. **Eröffnen Sie ein Brokerage-Konto**: Um in börsennotierte REITs zu investieren, müssen Sie ein Brokerage-Konto eröffnen. Viele Online-Broker bieten eine einfache Kontoeinrichtung und niedrige Handelsgebühren. Achten Sie darauf, eine Plattform zu wählen, die Ihren Anforderungen entspricht und eine breite Palette an REIT-Optionen bietet.

4. **Investieren Sie in REIT-Investmentfonds oder ETFs**: Wenn Sie einen eher zurückhaltenden Ansatz bevorzugen, sollten Sie in REIT-Investmentfonds oder börsengehandelte Fonds (ETFs) investieren. Diese Fonds bündeln das Geld mehrerer Anleger und investieren in ein diversifiziertes Portfolio von REITs, sodass Sie mit einer einzigen Investition eine breite Präsenz auf dem Immobilienmarkt haben.

5. **Überwachen Sie Ihre Investitionen**: Überprüfen Sie regelmäßig die Performance Ihrer REIT-Investitionen und bleiben Sie über Markttrends informiert. Behalten Sie Dividendenrenditen, Finanzberichte und alle wesentlichen Änderungen im Immobilienportfolio oder Management des REIT im Auge.

Herausforderungen und Risiken

Zwar bieten REITs einige Vorteile, doch sind auch Risiken damit verbunden, über die sich Anleger im Klaren sein sollten:

1. **Marktvolatilität**: Wie andere öffentlich gehandelte Wertpapiere unterliegen REITs Marktschwankungen und können von allgemeinen wirtschaftlichen Bedingungen, Zinsänderungen und der Anlegerstimmung beeinflusst werden.
2. **Zinsrisiko**: REITs reagieren empfindlich auf Zinsänderungen. Steigende Zinsen können die Kreditkosten für REITs erhöhen und ihre

Dividendenrenditen im Vergleich zu festverzinslichen Anlagen weniger attraktiv machen.

3. **Managementrisiko**: Die Performance eines REIT wird stark von seinem Managementteam beeinflusst. Schlechte Managemententscheidungen können sich negativ auf die finanzielle Performance des REIT und damit auf die Rendite der Anleger auswirken.

4. **Branchenspezifische Risiken**: Verschiedene Arten von REITs sind verschiedenen branchespezifischen Risiken ausgesetzt. Beispielsweise können Einzelhandels-REITs von Veränderungen im Verbraucherverhalten und dem Aufstieg des E-Commerce betroffen sein, während Büro-REITs aufgrund des Trends zur Fernarbeit vor Herausforderungen stehen können.

Trotz dieser Risiken bleiben REITs eine beliebte Wahl für Anleger, die ein passives Einkommen und eine Diversifizierung auf dem Immobilienmarkt anstreben.

Erste Schritte mit Immobilieninvestitionen

Nachdem wir nun die unterschiedlichen Arten von Immobilieninvestitionen erkundet haben, besprechen wir nun die praktischen Schritte für den Einstieg.

1. Bewerten Sie Ihre finanzielle Situation

Bevor Sie eine Investition tätigen, ist es wichtig, Ihre finanzielle Gesundheit zu bewerten. Bestimmen Sie Ihr Nettovermögen, schätzen Sie Ihre Einnahmen und Ausgaben ab und legen Sie einen Notfallfonds an. Immobilieninvestitionen erfordern oft erhebliches Kapital. Wenn Sie also Ihre finanzielle Situation genau kennen, können Sie fundierte Entscheidungen treffen.

2. Setzen Sie klare Anlageziele

Definieren Sie Ihre Anlageziele. Möchten Sie einen sofortigen Cashflow, eine langfristige Wertsteigerung oder beides erzielen? Ihre Ziele beeinflussen Ihre Wahl der Art und Strategie für Immobilieninvestitionen. Das Setzen klarer, realistischer Ziele gibt Ihnen die Richtung vor und hilft Ihnen, Ihren Fortschritt zu messen.

3. Marktforschung betreiben

Eine gründliche Marktforschung ist für erfolgreiche Immobilieninvestitionen unerlässlich. Studieren Sie lokale und nationale Immobilientrends, Immobilienwerte, Mietpreise und Leerstandsquoten. Identifizieren Sie Märkte mit starkem Wachstumspotenzial, wirtschaftlicher Stabilität und günstiger Demografie. Tools wie Zillow, Realtor.com und lokale Immobilienberichte können wertvolle Erkenntnisse liefern.

4. Erstellen Sie einen Businessplan

Ein gut durchdachter Geschäftsplan ist für Ihre Immobilieninvestitionen von entscheidender Bedeutung. Skizzieren Sie Ihre Anlagestrategie, Ihren Zielmarkt, Ihre Finanzprognosen und Ihren

Risikomanagementplan. Ein solider Geschäftsplan hilft Ihnen, konzentriert und organisiert zu bleiben, und erleichtert Ihnen die Bewältigung der Komplexität von Immobilieninvestitionen.

5. Bauen Sie ein Team auf

Erfolgreiche Immobilieninvestitionen erfordern oft ein Team von Fachleuten. Erwägen Sie die Zusammenarbeit mit Immobilienmaklern, Hypothekenmaklern, Hausverwaltern, Bauunternehmern und Anwälten. Ein sachkundiges und erfahrenes Team kann wertvolle Beratung und Unterstützung bieten und Ihnen helfen, fundierte Entscheidungen zu treffen und häufige Fallstricke zu vermeiden.

6. Sichere Finanzierung

Informieren Sie sich über Ihre Finanzierungsmöglichkeiten und wählen Sie diejenige aus, die Ihren Bedürfnissen am besten entspricht. Konventionelle Hypotheken, FHA-

Darlehen, VA-Darlehen und Hard-Money-Darlehen sind einige der verfügbaren Finanzierungsmöglichkeiten. Vergleichen Sie Zinssätze, Darlehenskonditionen und Qualifikationsanforderungen. Es ist auch wichtig, eine gute Kreditwürdigkeit aufrechtzuerhalten und über ausreichende Mittel für die Anzahlung und die Abschlusskosten zu verfügen.

7. Fangen Sie klein an und steigern Sie sich schrittweise

Wenn Sie neu im Immobiliengeschäft sind, beginnen Sie mit einer kleinen Investition, um Erfahrung und Vertrauen zu sammeln. Wenn Sie sich sicherer und erfahrener fühlen, können Sie Ihre Investitionen schrittweise erhöhen. Wenn Sie klein anfangen, minimieren Sie auch Ihr Risiko und können aus Ihren Fehlern lernen, ohne dass dies erhebliche finanzielle Konsequenzen hat.

8. Überwachen und passen Sie Ihre Strategie an

Immobilienmärkte sind dynamisch und für den langfristigen Erfolg ist es entscheidend, auf dem Laufenden zu bleiben. Überprüfen Sie regelmäßig Ihre Anlageperformance, verfolgen Sie Markttrends und seien Sie bereit, Ihre Strategie bei Bedarf anzupassen. Flexibilität und Anpassungsfähigkeit sind der Schlüssel, um sich in der sich ständig verändernden Immobilienlandschaft zurechtzufinden.

Fortgeschrittene Immobilien-Investmentstrategien

Sobald Sie etwas Erfahrung und Selbstvertrauen bei Immobilieninvestitionen gesammelt haben, können Sie fortgeschrittene Strategien erkunden, um Ihre Rendite noch weiter zu steigern.

1. Haus-Hacking

Beim House Hacking kauft man eine Immobilie, bewohnt eine davon und vermietet die anderen. Mit dieser Strategie können Sie Ihre Hypothek und Lebenshaltungskosten mit Mieteinnahmen decken. House Hacking ist eine hervorragende Möglichkeit, mit geringerem finanziellen Risiko in Immobilien zu investieren, insbesondere für Erstkäufer.

2. Fixieren und umdrehen

Bei der Fix-and-Flip-Strategie werden notleidende Immobilien gekauft, renoviert und mit Gewinn verkauft. Dieser Ansatz erfordert ein scharfes Auge für unterbewertete Immobilien, ausgeprägte Projektmanagementfähigkeiten und Kenntnisse des lokalen Marktes. Fix-and-Flip kann zwar sehr profitabel sein, birgt jedoch auch höhere Risiken und erfordert erhebliches Anfangskapital und viel Aufwand.

3. BRRRR-Strategie

Die BRRRR-Strategie steht für Kaufen, Sanieren, Vermieten, Refinanzieren, Wiederholen. Bei dieser Methode wird eine notleidende Immobilie gekauft, renoviert, vermietet, die Hypothek auf der Grundlage des neuen Werts der Immobilie refinanziert und die ausgezahlten Mittel zum Kauf einer anderen Immobilie verwendet. Mit der BRRRR-Strategie können Sie ein Portfolio aus Mietobjekten aufbauen und gleichzeitig Ihr Anfangskapital recyceln.

4. Kurzzeitmieten

Kurzfristige Vermietungen, wie sie auf Airbnb oder VRBO angeboten werden, können im Vergleich zu langfristigen Mietverträgen höhere Mieteinnahmen erzielen. Sie erfordern jedoch ein aktiveres Management und unterliegen lokalen Vorschriften und Marktschwankungen. Investitionen in Ferienwohnungen in stark nachgefragten Touristenzielen können besonders lukrativ sein.

5. Immobiliensyndizierungen

Bei der Immobiliensyndizierung werden die Mittel mehrerer Investoren gebündelt, um größere Immobilien oder Bauprojekte zu erwerben. Als passiver Investor bringen Sie Kapital ein und erhalten einen Anteil am Gewinn, während der Syndikator das Projekt verwaltet. Syndizierungen bieten das Potenzial für höhere Renditen und Zugang zu erstklassigen Immobilien, sind jedoch auch mit höheren Risiken verbunden und erfordern eine gründliche Due Diligence.

6. Gewerbeimmobilien

Investitionen in Gewerbeimmobilien wie Bürogebäude, Einkaufszentren und Industrieimmobilien können im Vergleich zu Wohnimmobilien höhere Renditen und längere Mietlaufzeiten bieten. Gewerbeimmobilien erfordern jedoch ein tieferes Verständnis der Marktdynamik, der Mieterbedürfnisse und der Immobilienverwaltung.

Steuerliche Überlegungen für Immobilieninvestoren

Immobilieninvestitionen bieten mehrere Steuervorteile, die Ihre Gesamtrendite steigern können. Um Ihre Investition zu maximieren, ist es wichtig, diese Vorteile zu verstehen und zu nutzen.

1. Abschreibungen

Durch Abschreibungen können Sie die Kosten der Immobilie über ihre Nutzungsdauer abziehen und so Ihr steuerpflichtiges Einkommen reduzieren. Das IRS erlaubt Ihnen, Wohnimmobilien über 27,5 Jahre und Gewerbeimmobilien über 39 Jahre abzuschreiben. Abschreibungen können Ihre Steuerschuld erheblich senken, insbesondere in den ersten Jahren des Besitzes.

2. Hypothekenzinsabzug

Sie können die Zinsen für Ihre Hypothek für Mietobjekte absetzen und so Ihr steuerpflichtiges Einkommen reduzieren. Dieser Abzug kann erheblich sein, insbesondere in den ersten Jahren der Hypothek, wenn die Zinszahlungen höher sind.

3. Grundsteuerabzug

Grundsteuern, die auf Mietobjekte gezahlt werden, sind abzugsfähig und verringern Ihr steuerpflichtiges Einkommen zusätzlich. Führen Sie detaillierte Aufzeichnungen über alle Grundsteuerzahlungen, um diesen Abzug korrekt geltend machen zu können.

4. 1031 Austausch

Ein 1031-Austausch ermöglicht es Ihnen, die Kapitalertragssteuer aufzuschieben, indem Sie den Erlös aus dem Verkauf einer Immobilie in eine ähnliche Immobilie reinvestieren. Mit dieser Strategie können Sie Ihr Immobilienportfolio erweitern, ohne sofort

Steuerschulden zu verursachen. Für 1031-Austausche gelten jedoch strenge IRS-Regeln und -Zeitpläne. Daher ist es wichtig, mit einem qualifizierten Vermittler und Steuerfachmann zusammenzuarbeiten.

5. Regeln für den Verlust passiver Aktivitäten

Die Vermietung von Immobilien gilt als passive Tätigkeit und etwaige Verluste können mit anderen passiven Einkünften verrechnet werden. Wenn Ihre passiven Verluste Ihr passives Einkommen übersteigen, können Sie die Verluste auf zukünftige Jahre übertragen oder mit Gewinnen aus dem Verkauf der Immobilie verrechnen.

6. Qualifizierter Geschäftseinkommensabzug

Wenn Sie als Immobilienprofi qualifiziert sind, haben Sie möglicherweise Anspruch auf den Qualified Business Income (QBI)-Abzug, der Ihnen erlaubt, bis zu 20 % Ihres Nettomieteinkommens abzuziehen. Der QBI-

Abzug kann erhebliche Steuereinsparungen bringen, unterliegt jedoch bestimmten Anforderungen und Einschränkungen.

Immobilieninvestitionen bieten vielfältige Möglichkeiten, passives Einkommen zu generieren und langfristigen Wohlstand aufzubauen. Unabhängig davon, ob Sie in Mietobjekte, Immobilien-Crowdfunding oder REITs investieren, ist es für den Erfolg entscheidend, die mit jeder Art von Investition verbundenen Vorteile, Risiken und Strategien zu verstehen.

Mietobjekte bieten einen stetigen Cashflow und eine Wertsteigerung der Immobilie, erfordern jedoch eine aktive Verwaltung und bergen gewisse Risiken. Immobilien-Crowdfunding bietet Zugang zu Premium-Immobilien und Diversifizierung bei geringerem Kapitalbedarf, ist jedoch mit Plattform- und Liquiditätsrisiken verbunden. REITs bieten Liquidität, Diversifizierung und regelmäßiges Einkommen, unterliegen jedoch Marktvolatilität und Zinsrisiken.

Um mit Immobilieninvestitionen zu beginnen, bewerten Sie Ihre finanzielle Situation, setzen Sie klare Ziele, führen Sie eine gründliche Marktforschung durch und erstellen Sie einen soliden Geschäftsplan. Der Aufbau eines Teams von Fachleuten und die Sicherung der entsprechenden Finanzierung sind wesentliche Schritte auf Ihrem Investitionsweg. Wenn Sie Erfahrung sammeln, ziehen Sie fortgeschrittene Strategien wie House Hacking, Fix-and-Flip, BRRRR, Kurzzeitmieten, Immobiliensyndizierungen und Gewerbeimmobilien in Betracht, um Ihre Rendite weiter zu steigern.

Das Verständnis steuerlicher Aspekte wie Abschreibungen, Hypothekenzinsabzüge und 1031-Austausche kann Ihre Gesamtrendite erheblich beeinflussen. Indem Sie diese Steuervorteile nutzen, können Sie die Rentabilität Ihrer Investitionen maximieren.

Immobilieninvestitionen erfordern zwar viel Aufwand und Planung, können aber ein äußerst lohnender Weg zur finanziellen Freiheit sein. Indem Sie Ihre Einkommensströme diversifizieren und Ihre Investitionen strategisch verwalten, können Sie ein robustes Portfolio aufbauen, das passives Einkommen generiert und dauerhaften Wohlstand schafft. Egal, ob Sie ein unerfahrener oder erfahrener Investor sind, Immobilien bieten eine Fülle von Möglichkeiten, Ihre finanziellen Ziele zu erreichen.

Kapitel 2: Dividendenaktien

Dividendenaktien stellen einen Eckpfeiler in den Portfolios vieler Anleger dar und bieten sowohl eine potenzielle Wertsteigerung als auch regelmäßiges Einkommen. Dieses Kapitel befasst sich mit den Feinheiten von Dividendeninvestitionen und bietet einen umfassenden Leitfaden für diejenigen, die über den Aktienmarkt eine passive Einkommensquelle aufbauen möchten. Wir untersuchen, was Dividendenaktien sind, welche Arten von Dividenden es gibt, wie man die richtigen Aktien auswählt, welche Vorteile und Risiken mit Dividendeninvestitionen verbunden sind und welche fortgeschrittenen Strategien Sie zur Maximierung Ihrer Erträge nutzen können.

Dividendenaktien verstehen

Dividendenaktien sind Aktien von Unternehmen, die einen Teil ihrer Gewinne in Form von Dividenden an ihre Aktionäre ausschütten. Diese Zahlungen erfolgen in der Regel vierteljährlich und können insbesondere für langfristige Anleger eine stetige Einnahmequelle darstellen.

Arten von Dividenden

1. **Bardividenden**: Die häufigste Form von Dividenden, Bardividenden, sind Zahlungen in bar an die Aktionäre. Sie werden normalerweise pro Aktie ausgezahlt, d. h. wenn Sie mehr Aktien besitzen, erhalten Sie eine höhere Dividendenzahlung.

2. **Aktiendividenden**: Anstelle von Bargeld können Unternehmen zusätzliche Aktien an ihre Aktionäre ausschütten. Dadurch können Sie die Anzahl Ihrer Aktien erhöhen, ohne Ihren Cashflow direkt zu beeinflussen.

3. **Sonderdividenden**: Dabei handelt es sich um einmalige Zahlungen von Unternehmen, die häufig auf außergewöhnliche Erträge oder Ereignisse zurückzuführen sind.

Sonderdividenden sind kein Teil des regulären Dividendenplans und können eine erhebliche, wenn auch gelegentliche, Einkommenssteigerung bedeuten.

4. **Vorzugsdividenden**: Diese Dividenden werden an Inhaber von Vorzugsaktien gezahlt. Sie sind normalerweise fest und werden vor der Dividendenausschüttung an Stammaktionäre ausgezahlt. Vorzugsdividenden sind vorhersehbarer, bieten aber normalerweise nicht das gleiche Wachstumspotenzial wie Stammaktiendividenden.

Vorteile von Dividendeninvestitionen

1. **Stabiles Einkommen**: Dividenden sorgen für eine regelmäßige Einnahmequelle, was besonders für Rentner oder Personen auf der Suche nach einem passiven Einkommen von Vorteil sein kann.

2. **Potenzial für Wertsteigerung**: Neben Dividenden können Anleger auch von der

Wertsteigerung des Aktienkurses
dividendenzahlender Unternehmen profitieren.

3. **Reinvestitionsmöglichkeiten**:
Dividenden-Reinvestitionspläne (DRIPs)
ermöglichen es Anlegern, ihre Dividenden
automatisch zu reinvestieren, um weitere Aktien
zu kaufen, wodurch sich die Rendite im Laufe
der Zeit erhöht.

4. **Steuervorteile**: Qualifizierte Dividenden
werden niedriger besteuert als normales
Einkommen und stellen somit ein
steuereffizientes Einkommen dar.

5. **Finanzielle Stabilität**: Unternehmen, die
regelmäßig Dividenden zahlen, verfügen oft
über stabile und starke Finanzen, was sie
potenziell weniger volatil macht als Aktien, die
keine Dividenden zahlen.

6. **Inflationsabsicherung**:
Dividendenwachstumsaktien, deren
Ausschüttungen im Laufe der Zeit steigen,

können durch steigende Erträge zum Schutz vor Inflation beitragen.

Risiken von Dividendeninvestitionen

1. **Dividendenkürzungen**: Unternehmen können Dividenden kürzen oder streichen, wenn sie in finanzielle Schwierigkeiten geraten, was sich auf Ihre Einnahmequellen auswirkt.

2. **Marktrisiko**: Wie alle Aktien unterliegen auch Dividendenaktien der Marktvolatilität und können an Wert verlieren.

3. **Zinsrisiko**: Steigende Zinsen können die Attraktivität von Dividendenaktien im Vergleich zu festverzinslichen Anlagen mindern und potenziell zu Kursrückgängen führen.

4. **Dividendenfallen**: Aktien mit hohen Renditen mögen attraktiv erscheinen, könnten aber auf zugrunde liegende finanzielle Probleme oder eine nicht nachhaltige Dividendenpolitik hinweisen.

So wählen Sie Dividendenaktien aus

Die Auswahl der richtigen Dividendenaktien erfordert eine sorgfältige Analyse und die Berücksichtigung verschiedener Faktoren. Hier sind einige wichtige Schritte und Kennzahlen zur Bewertung:

1. Dividendenrendite

Die Dividendenrendite ist die jährliche Dividendenausschüttung geteilt durch den Aktienkurs, ausgedrückt als Prozentsatz. Eine hohe Rendite kann zwar attraktiv sein, es ist jedoch wichtig, sicherzustellen, dass sie nachhaltig ist. Eine sehr hohe Rendite könnte auf einen sinkenden Aktienkurs oder finanzielle Instabilität hinweisen.

2. Dividendenausschüttungsquote

Die Dividendenausschüttungsquote ist der Prozentsatz des Gewinns, der als Dividende ausgezahlt wird. Eine niedrigere Ausschüttungsquote deutet darauf hin, dass das Unternehmen mehr Gewinn für Wachstum einbehält und über ein Polster verfügt, um in schwierigen Zeiten Dividenden auszuschütten. Normalerweise gilt eine Ausschüttungsquote unter 60 % als gesund, dies kann jedoch je nach Branche variieren.

3. Dividendenhistorie

Eine konsistente Dividendenzahlungshistorie weist auf finanzielle Stabilität und die Verpflichtung hin, den Aktionären Wert zurückzugeben. Unternehmen mit einer Erfolgsbilanz bei der Dividendensteigerung, bekannt als Dividendenaristokraten oder Dividendenkönige, sind besonders attraktiv.

4. Gewinnwachstum

Stabile oder steigende Erträge sind für nachhaltige Dividenden entscheidend. Unternehmen mit starkem, vorhersehbarem

Gewinnwachstum können ihre Dividendenzahlungen eher aufrechterhalten und erhöhen.

5. Freier Cashflow

Der freie Cashflow (FCF) ist der von einem Unternehmen nach Abzug der Investitionsausgaben erwirtschaftete Cashflow. Ein positiver und wachsender FCF zeigt an, dass ein Unternehmen über genügend Barmittel verfügt, um Dividenden, Schuldentilgung und Reinvestitionen in das Unternehmen zu decken.

6. Schuldenstand

Ein hoher Schuldenstand kann ein Warnsignal sein, da Unternehmen ihren Zahlungsverpflichtungen nachkommen müssen, bevor sie Dividenden auszahlen können. Die Bewertung von Schuldenquoten wie dem Verhältnis von Schulden zu Eigenkapital kann bei der Beurteilung der finanziellen Gesundheit hilfreich sein.

7. Branchen- und Wirtschaftslage

Einige Branchen sind stabiler und weniger konjunkturabhängig, was ihre Dividenden zuverlässiger macht. Versorgungsunternehmen, Konsumgüter und das Gesundheitswesen sind Beispiele für Branchen, die häufig stabile Dividenden zahlen.

8. Unternehmensführung und Governance

Ein starkes, transparentes und aktionärsfreundliches Management kann ein Zeichen dafür sein, dass ein Unternehmen bestrebt ist, Dividenden aufrechtzuerhalten und zu steigern. Die Untersuchung der Erfolgsbilanz und der Governance-Praktiken des Managements ist von entscheidender Bedeutung.

Aufbau eines Dividendenportfolios

Beim Aufbau eines diversifizierten Dividendenportfolios müssen Aktien aus unterschiedlichen Sektoren und Regionen ausgewählt werden, um das Risiko zu minimieren und stabile Einkommensströme sicherzustellen.

1. Diversifikation

Diversifizieren Sie Ihr Dividendenportfolio, indem Sie in Unternehmen aus unterschiedlichen Branchen und Ländern investieren. Dadurch verringern Sie die Auswirkungen branchenspezifischer Risiken und Konjunkturabschwünge in einzelnen Regionen.

2. Dividendenwachstum vs. hohe Rendite

Balancieren Sie Ihr Portfolio mit einer Mischung aus dividendenstarken Aktien und dividendenstarken Aktien. Aktien mit hohen Renditen bieten sofortiges Einkommen, während dividendenstarke Aktien das Potenzial für steigende Auszahlungen im Laufe der Zeit bieten.

3. Reinvestition

Erwägen Sie die Reinvestition Ihrer Dividenden, um zusätzliche Aktien zu kaufen, entweder über DRIPs oder manuell. Durch eine Reinvestition können Sie Ihre Erträge steigern und den Vermögensaufbau beschleunigen.

4. Überwachung und Neugewichtung

Überprüfen Sie Ihr Portfolio regelmäßig, um sicherzustellen, dass es Ihren Anlagezielen und Ihrer Risikobereitschaft entspricht. Balancieren Sie Ihre Bestände nach Bedarf neu aus, um die Diversifizierung aufrechtzuerhalten und neue Chancen zu nutzen.

Fortgeschrittene Strategien für Dividendeninvestitionen

Erfahrene Anleger können durch fortgeschrittene Strategien ihre Rendite steigern und das Risiko steuern.

1. Dividenden-Reinvestitionspläne (DRIPs)

DRIPs ermöglichen Ihnen die automatische Reinvestition von Dividenden, um weitere Unternehmensaktien zu erwerben. Dieser Zinseszinseffekt kann die langfristigen Erträge erheblich steigern. Viele Unternehmen bieten DRIPs mit geringer oder keiner Provision an, was sie kostengünstig macht.

2. Schreiben gedeckter Calls

Beim Schreiben gedeckter Calls handelt es sich um den Verkauf von Call-Optionen auf Dividendenaktien, die Sie besitzen. Diese Strategie generiert zusätzliches Einkommen durch Optionsprämien, begrenzt jedoch das Aufwärtspotenzial, wenn der Aktienkurs deutlich steigt. Dies kann eine effektive Möglichkeit sein, die Rendite in einem stagnierenden oder langsam steigenden Markt zu steigern.

3. Dividendenerfassungsstrategie

Bei der Dividendenerfassungsstrategie wird eine Aktie kurz vor dem Ex-Dividenden-Datum gekauft, um die Dividende zu erhalten, und kurz danach wieder verkauft. Dieser Ansatz erfordert genaues Timing und ein Verständnis der steuerlichen Auswirkungen und Transaktionskosten.

4. Internationale Dividendenaktien

Investitionen in internationale Dividendenaktien können höhere Renditen und Diversifikationsvorteile bringen. Informieren Sie sich über ausländische Unternehmen und achten Sie auf Währungsrisiken, steuerliche Auswirkungen und politische Stabilität.

5. Real Estate Investment Trusts (REITs)

REITs sind Unternehmen, die einkommensgenerierende Immobilien besitzen und betreiben. Sie sind verpflichtet, einen erheblichen Teil ihrer Erträge als Dividende auszuschütten und bieten damit attraktive Renditen. REITs bieten Zugang zu Immobilien ohne die Komplexität des direkten Immobilienbesitzes.

6. Master Limited Partnerships (MLPs)

MLPs sind Unternehmen im Energiesektor, vor allem im Midstream-Segment, das den Transport und die Lagerung von Öl und Gas umfasst. MLPs bieten hohe Renditen und Steuervorteile, können jedoch empfindlich auf Rohstoffpreise und regulatorische Änderungen reagieren.

Fallstudien zum Thema Dividendeninvestitionen

Die Untersuchung von Beispielen aus der Praxis kann wertvolle Erkenntnisse über erfolgreiche Dividendeninvestitionsstrategien liefern.

Fallstudie 1: Dividendenwachstumsinvestitionen

Anlegerprofil: Emily, eine 35-jährige Berufstätige, möchte ein langfristiges Dividendenportfolio aufbauen, um ihr Ruhestandseinkommen aufzubessern.

Investition: Emily konzentriert sich auf Dividendenaristokraten – Unternehmen, die seit mindestens 25 aufeinanderfolgenden Jahren ihre Dividenden erhöhen. Sie wählt Aktien aus verschiedenen Sektoren aus, darunter Johnson & Johnson (Gesundheitswesen), Coca-Cola (Basiskonsumgüter) und Procter & Gamble (Konsumgüter).

Dividendenwachstum: Über 10 Jahre hinweg erhöhen diese Unternehmen ihre Dividenden jährlich und verschaffen Emily so eine steigende Einnahmequelle. Durch die Reinvestition der Dividenden profitiert sie von Zinseszinsen.

Gesamtrendite: Emilys Portfolio sorgt nicht nur für steigende Einnahmen, sondern steigert auch seinen Wert, was ihre Gesamtrendite und finanzielle Sicherheit deutlich verbessert.

Fallstudie 2: Dividendeninvestitionen mit hoher Rendite

Anlegerprofil: David, ein 55-jähriger Rentner, sucht nach einem sofortigen Einkommen zur Deckung seiner Lebenshaltungskosten.

Investition: David investiert in dividendenstarke Aktien, darunter AT&T (Telekommunikation), Altria (Tabak) und Realty Income (REIT). Diese Aktien bieten Dividendenrenditen von 5-7 % und sorgen so für beträchtliche Erträge.

Dividendeneinnahmen: David erhält regelmäßige Dividendenzahlungen, mit denen er seine Lebenshaltungskosten deckt, ohne seine Hauptinvestitionen zu verkaufen.

Risikomanagement: David überwacht sorgfältig die finanzielle Gesundheit und die Ausschüttungsquoten seiner hochverzinslichen Aktien, um mögliche Dividendenkürzungen zu vermeiden. Er unterhält ein diversifiziertes Portfolio, um sektorspezifische Risiken zu mindern.

Gesamtrendite: Auch wenn Davids Portfolio möglicherweise nicht so schnell an Wert gewinnt wie wachstumsorientierte Anlagen, bietet es ihm das regelmäßige Einkommen, das er im Ruhestand braucht.

Steuerliche Überlegungen für Dividendenanleger

Um Ihre Erträge nach Steuern zu maximieren, ist es wichtig, die steuerlichen Auswirkungen von Dividendeninvestitionen zu verstehen.

1. Qualifizierte Dividenden vs. gewöhnliche Dividenden

Qualifizierte Dividenden werden mit dem niedrigeren langfristigen Kapitalertragssteuersatz besteuert, der je nach Einkommensklasse zwischen 0 % und 20 % liegt. Um qualifiziert zu sein, müssen die Dividenden von einem US-Unternehmen oder einem qualifizierten ausländischen Unternehmen gezahlt werden und Sie müssen bestimmte Haltefristanforderungen erfüllen. Gewöhnliche Dividenden hingegen werden mit Ihrem regulären Einkommenssteuersatz besteuert, der erheblich höher sein kann.

2. Reinvestition der Dividende

Wenn Sie Dividenden über ein DRIP reinvestieren, wird jede Reinvestition als neuer Aktienkauf betrachtet. Es ist wichtig, diese Transaktionen detailliert zu dokumentieren, um Ihre Kostenbasis genau berechnen zu können, wenn Sie die Aktien schließlich verkaufen, was sich auf Ihre Kapitalertragssteuer auswirkt.

3. Steuerbegünstigte Konten

Die Investition in Dividendenaktien in steuerbegünstigten Konten wie Individual Retirement Accounts (IRAs) oder Roth IRAs kann erhebliche Steuervorteile bieten. In einem traditionellen IRA wachsen Ihre Investitionen steuerfrei, d. h. Sie zahlen keine Steuern auf Dividenden oder Kapitalgewinne, bis Sie im Ruhestand Geld abheben. In einem Roth IRA sind qualifizierte Abhebungen steuerfrei, was bedeutet, dass Sie Steuern auf Dividenden vollständig vermeiden können.

4. Ausländische Dividenden

Wenn Sie in internationale Dividendenaktien investieren, unterliegen Sie möglicherweise ausländischen Quellensteuern. Viele Länder behalten einen Teil der Dividenden ein, die an ausländische Investoren ausgezahlt werden. Sie können jedoch möglicherweise eine ausländische Steuergutschrift in Ihrer US-Steuererklärung geltend machen, um einige oder alle dieser Steuern auszugleichen.

5. Steuerverlust-Ernte

Wenn Sie Dividendenaktien mit Verlust verkaufen, können Sie diese Verluste gegen Kapitalgewinne aus anderen Anlagen verwenden und so möglicherweise Ihre Gesamtsteuerschuld reduzieren. Die steuerliche Verlusternte kann eine effektive Strategie zur Verwaltung Ihrer Steuerlast sein, insbesondere in Jahren, in denen Marktvolatilität zu Verlusten in Ihrem Portfolio führt.

Tools und Ressourcen für Dividendeninvestitionen

Durch die Nutzung der richtigen Tools und Ressourcen können Sie Ihre Fähigkeit zur effektiven Recherche, Auswahl und Verwaltung von Dividendenaktien verbessern.

1. Plattformen für Finanznachrichten und -analysen

Websites wie Yahoo Finance, Google Finance, Bloomberg und Seeking Alpha bieten umfassende Finanznachrichten, Aktienanalysen und Echtzeitdaten, mit denen Sie über Markttrends und die Entwicklung einzelner Aktien auf dem Laufenden bleiben können.

2. Dividenden-Aktien-Screener

Dividenden-Aktien-Screener wie die von Morningstar, FINVIZ und Simply Wall St ermöglichen Ihnen das Filtern von Aktien nach verschiedenen Kriterien, darunter Dividendenrendite, Ausschüttungsquote und Dividendenhistorie. Diese Tools können Ihnen dabei helfen, potenzielle Anlagemöglichkeiten zu identifizieren, die Ihren spezifischen Anforderungen entsprechen.

3. Brokerage-Recherche-Tools

Viele Online-Broker bieten erweiterte Recherchetools und Berichte von renommierten Finanzanalysten. Plattformen wie Charles

Schwab, Fidelity und TD Ameritrade bieten Zugang zu detaillierten Aktienanalysen, Bewertungen und Empfehlungen.

4. Apps zur Dividendenverfolgung

Apps wie DivTracker, Robinhood und M1 Finance können Ihnen dabei helfen, Ihre Dividendeneinnahmen zu verfolgen, die Portfolio-Performance zu überwachen und automatisierte Reinvestitionspläne einzurichten. Diese Tools erleichtern Ihnen die Verwaltung Ihrer Investitionen und helfen Ihnen, Ihre finanziellen Ziele im Auge zu behalten.

5. Investment-Newsletter und Blogs

Das Abonnieren von Investment-Newslettern und das Verfolgen von Finanzblogs kann wertvolle Einblicke liefern und Sie über neue Anlagemöglichkeiten auf dem Laufenden halten. Beliebte Newsletter wie The Motley Fool, Morningstar DividendInvestor und Sure Dividend konzentrieren sich speziell auf

Strategien und Empfehlungen für Dividendeninvestitionen.

Praktische Schritte zum Einstieg in die Investition in Dividendenaktien

Um mit der Dividendeninvestition zu beginnen, sind eine Reihe praktischer Schritte zum Aufbau und zur effektiven Verwaltung Ihres Portfolios erforderlich.

Schritt 1: Setzen Sie klare Anlageziele

Definieren Sie Ihre finanziellen Ziele und legen Sie fest, wie Dividendeninvestitionen in Ihre allgemeine Anlagestrategie passen. Berücksichtigen Sie Ihre Risikobereitschaft, Ihren Zeithorizont und Ihre Einkommensanforderungen, um einen klaren Plan zu erstellen.

Schritt 2: Wählen Sie einen Broker

Wählen Sie einen Online-Broker, der niedrige Gebühren, solide Recherchetools und eine benutzerfreundliche Plattform bietet. Erwägen Sie Broker wie Vanguard, Fidelity oder Charles Schwab, die für ihre umfassenden Dienstleistungen und Unterstützung für Dividendenanleger bekannt sind.

Schritt 3: Eröffnen Sie ein Konto

Eröffnen Sie ein Brokerage-Konto und zahlen Sie den Betrag ein, den Sie anlegen möchten. Wenn Sie Steuervorteile nutzen möchten, sollten Sie ein steuerbegünstigtes Konto wie ein IRA oder Roth IRA eröffnen.

Schritt 4: Aktien recherchieren und auswählen

Verwenden Sie Dividenden-Aktien-Screener und Recherchetools, um hochwertige Dividendenaktien zu identifizieren, die Ihren Anlagekriterien entsprechen. Analysieren Sie Jahresabschlüsse, Ausschüttungsquoten,

Dividendenhistorie und Wachstumsaussichten, um fundierte Entscheidungen zu treffen.

Schritt 5: Diversifizieren Sie Ihr Portfolio

Bauen Sie ein diversifiziertes Portfolio auf, indem Sie in Dividendenaktien aus verschiedenen Sektoren und Regionen investieren. Diversifizierung trägt zur Risikominderung bei und sorgt für einen stabileren Einkommensstrom.

Schritt 6: Überwachen und reinvestieren

Überprüfen Sie regelmäßig die Performance Ihres Portfolios und überwachen Sie die finanzielle Gesundheit Ihrer Dividendenaktien. Verwenden Sie DRIPs oder reinvestieren Sie Dividenden manuell, um zusätzliche Aktien zu kaufen und Ihre Erträge im Laufe der Zeit zu steigern.

Schritt 7: Bleiben Sie informiert und passen Sie sich an

Bleiben Sie über Markttrends, wirtschaftliche Bedingungen und unternehmensspezifische Neuigkeiten informiert, die sich auf Ihre Investitionen auswirken können. Seien Sie bereit, Ihr Portfolio bei Bedarf anzupassen, um Ihren finanziellen Zielen und Ihrer Risikobereitschaft gerecht zu werden.

Fallstudie 3: Schaffung einer Alterseinkommensquelle mit Dividendenaktien

Anlegerprofil: James, ein 60-Jähriger kurz vor der Rente, möchte eine verlässliche Einkommensquelle aufbauen, um seine Rente und seine Sozialversicherungsleistungen aufzubessern.

Anlagestrategie: James konzentriert sich auf den Aufbau eines Portfolios aus hochwertigen, dividendenzahlenden Aktien aus verschiedenen Sektoren, darunter Versorgungsunternehmen, Konsumgüter,

Gesundheitswesen und REITs. Er bevorzugt Unternehmen mit einer starken Erfolgsbilanz bei Dividendenzahlungen und Potenzial für Dividendenwachstum.

Portfoliozusammensetzung:
- Versorgungsunternehmen: Duke Energy, Southern Company
- Konsumgüter: Procter & Gamble, PepsiCo
- Gesundheitswesen: Johnson & Johnson, Pfizer
- REITs: Realty Income, Digital Realty

Einkommensgenerierung: Das Portfolio von James bietet eine durchschnittliche Dividendenrendite von 4 % und generiert beträchtliche Einnahmen, ohne seine Hauptinvestition aufzubrauchen.

Reinvestition und Zinseszins: Bis zu seiner Pensionierung reinvestiert James seine Dividenden, um zusätzliche Aktien zu kaufen und so das Einkommenspotenzial seines Portfolios durch Zinseszins zu steigern.

Steuerverwaltung: Indem er seine Anlagen in einem Roth IRA hält, stellt James sicher, dass seine qualifizierten Abhebungen im Ruhestand steuerfrei sind, wodurch sein Einkommen nach Steuern maximiert wird.

Gesamtrendite: Über 10 Jahre hinweg steigt der Wert von James' Portfolio aufgrund von Kapitalgewinnen und reinvestierten Dividenden und sorgt so für ein beträchtliches Notgroschen und eine verlässliche Einnahmequelle im Ruhestand.

Dividendeninvestitionen sind eine wirkungsvolle Strategie zur Erzielung passiven Einkommens und zum Aufbau langfristigen Vermögens. Wenn Sie die Grundlagen von Dividendenaktien verstehen, qualitativ hochwertige Unternehmen auswählen und fortschrittliche Strategien anwenden, können Sie ein robustes Portfolio erstellen, das stabiles Einkommen und Kapitalzuwachs bietet.

Egal, ob Sie ein unerfahrener Investor oder ein erfahrener Profi sind, Dividendenaktien bieten eine überzeugende Möglichkeit, finanzielle Freiheit zu erlangen und Ihren Einkommensbedarf zu decken. Indem Sie klare Ziele setzen, gründlich recherchieren und die richtigen Tools nutzen, können Sie die Komplexität der Dividendeninvestition meistern und die Vorteile eines gut aufgebauten Dividendenportfolios genießen.

Kapitel 3: Peer-to-Peer-Kredite

Peer-to-Peer-Kredite (P2P) haben sich zu einer beliebten alternativen Anlagemöglichkeit entwickelt, bei der Einzelpersonen über Online-Plattformen direkt Geld an Kreditnehmer verleihen können. In diesem Kapitel werden die Grundlagen von P2P-Krediten, die damit verbundenen Vorteile und Risiken, Strategien für erfolgreiches Investieren, regulatorische Aspekte und reale Fallstudien untersucht, um das Potenzial von P2P-Krediten zur Generierung passiven Einkommens zu veranschaulichen.

Einführung in Peer-to-Peer-Kredite

Peer-to-Peer-Kreditplattformen bringen Investoren (Kreditgeber) mit Kreditnehmern zusammen, die Privatkredite, Kredite für kleine Unternehmen oder andere Finanzierungsarten suchen. Durch den Ausschluss traditioneller Finanzintermediäre wie Banken bieten P2P-Kredite potenziell höhere Renditen für

Investoren und zugänglichere Kreditoptionen für Privatpersonen und Unternehmen.

So funktioniert Peer-to-Peer-Kredite

1. **Plattformauswahl**: Anleger wählen eine P2P-Kreditplattform auf der Grundlage von Faktoren wie angebotenen Kreditarten, Kreditnehmerprofilen, bisheriger Performance, Gebühren und Einhaltung gesetzlicher Vorschriften aus.

2. **Kreditauswahl**: Anleger durchsuchen die Kreditlisten auf der Plattform und wählen einzelne Kredite zur Finanzierung aus. Dabei werden die Kreditnehmerkreditprofile, der Kreditzweck, die Zinssätze und die von der Plattform bereitgestellten Risikobewertungen berücksichtigt.

3. **Investition**: Investoren finanzieren Kredite entweder teilweise oder vollständig und verteilen ihre Investition auf mehrere Kredite, um das Risiko zu streuen. Jeder Kredit besteht

normalerweise aus Beiträgen mehrerer Investoren.

4. **Rückzahlung und Rendite**: Kreditnehmer leisten monatliche Zahlungen, die Kapital und Zinsen umfassen. Investoren erhalten ihren Anteil an den Rückzahlungen, der in neue Kredite reinvestiert werden kann, um die Rendite zu steigern.

Vorteile von Peer-to-Peer-Krediten

1. **Höhere Renditen**: P2P-Kredite bieten je nach Risikoprofil der Kredite potenziell höhere Renditen im Vergleich zu herkömmlichen Sparkonten oder Anleihen.

2. **Diversifikation**: Anleger können ihre Investitionen auf mehrere Kredite mit unterschiedlichen Risikoprofilen streuen und so die Auswirkungen von Zahlungsausfällen auf die Gesamtrendite verringern.

3. **Passives Einkommen**: Sobald Kredite finanziert sind, verdienen Anleger passives Einkommen in Form regelmäßiger Zins- und Kapitalrückzahlungen.

4. **Zugänglichkeit**: P2P-Kreditplattformen bieten Zugang zu Investitionsmöglichkeiten, die traditionell institutionellen Anlegern oder Banken vorbehalten waren.

5. **Kontrolle und Transparenz**: Investoren haben Kontrolle darüber, welche Kredite finanziert werden, und können auf detaillierte Informationen zu Kreditnehmerkreditprofilen, Kreditbedingungen und der historischen Leistung der Plattform zugreifen.

Risiken von Peer-to-Peer-Krediten

1. **Kreditrisiko**: Kreditnehmer können ihren Krediten nicht nachkommen, was zu einem teilweisen oder vollständigen Verlust des investierten Kapitals führen kann. Mit Krediten

mit höherem Kreditrisiko sind in der Regel höhere Renditen verbunden.

2. **Plattformrisiko**: P2P-Kreditplattformen können mit Betriebsrisiken, regulatorischen Änderungen oder finanziellen Schwierigkeiten konfrontiert sein, die sich auf die Rendite der Anleger oder den Zugang zu Geldern auswirken könnten.

3. **Liquiditätsrisiko**: Im Gegensatz zu Aktien oder Anleihen, die an öffentlichen Märkten gehandelt werden, können P2P-Kredite eine begrenzte Liquidität aufweisen. Anleger können ihre Kreditinvestitionen möglicherweise nicht vor Fälligkeit verkaufen.

4. **Zinsrisiko**: Zinsänderungen können das Rückzahlungsverhalten des Kreditnehmers und die Attraktivität von P2P-Krediten im Vergleich zu anderen Investitionen beeinflussen.

Arten von Peer-to-Peer-Kreditplattformen

1. **Konsumentenkredite**: Plattformen wie LendingClub und Prosper ermöglichen Privatkredite für verschiedene Zwecke, beispielsweise zur Schuldenkonsolidierung, zur Renovierung des Eigenheims oder für medizinische Ausgaben.

2. **Kredite für kleine Unternehmen**: Plattformen wie Funding Circle und Kiva bieten kleinen Unternehmen Finanzierungen für die Expansion, den Lagerkauf oder den Betriebskapitalbedarf.

3. **Crowdfunding für Immobilien**: Plattformen wie RealtyMogul und PeerStreet ermöglichen es Investoren, sich an Immobilienprojekten zu beteiligen, indem sie durch Immobilien besicherte Kredite finanzieren.

Strategien für erfolgreiches Peer-to-Peer-Lending

1. Diversifikation

Diversifizieren Sie Ihre Investitionen über eine große Anzahl von Krediten, um das Risiko zu streuen. Indem Sie kleine Beträge in viele Kredite investieren, anstatt große Beträge in wenige Kredite, können Sie die Auswirkungen potenzieller Zahlungsausfälle auf Ihr Gesamtportfolio abmildern.

2. Risikobewertung

Führen Sie eine gründliche Due-Diligence-Prüfung von Kreditnehmern und Kreditangeboten durch. Bewerten Sie Kreditprofile der Kreditnehmer, Kreditzweck, Einkommensstabilität, Schulden-Einkommens-Verhältnis und andere relevante Faktoren, die von der Plattform bereitgestellt werden.

3. Investitionskriterien

Definieren Sie klare Anlagekriterien basierend auf Ihrer Risikobereitschaft, Ihren Renditeerwartungen und Ihren Anlagezielen.

Passen Sie Ihre Strategie im Laufe der Zeit basierend auf der Leistung der Plattform, den wirtschaftlichen Bedingungen und Zinsänderungen an.

4. Reinvestitionsstrategie

Investieren Sie Rückzahlungen und Zinserträge in neue Kredite, um Ihre Rendite zu steigern. Automatisierte Reinvestitionstools, die von Plattformen angeboten werden, können dazu beitragen, diesen Prozess zu rationalisieren und das Wachstumspotenzial Ihres Portfolios zu maximieren.

5. Überwachen und anpassen

Überwachen Sie regelmäßig die Performance Ihres Kreditportfolios, einschließlich Rückzahlungsstatus, Zahlungsrückstände und Zahlungsausfälle. Passen Sie Ihre Anlagestrategie nach Bedarf an, um die Diversifizierung aufrechtzuerhalten und Risiken zu minimieren.

Regulatorische Aspekte

Peer-to-Peer-Kredite unterliegen einer behördlichen Aufsicht, die je nach Land und Gerichtsbarkeit unterschiedlich ist. In den Vereinigten Staaten müssen Plattformen die Vorschriften der Securities and Exchange Commission (SEC) und der Behörden auf Landesebene einhalten. Anleger sollten den regulatorischen Rahmen für P2P-Kredite in ihrer Gerichtsbarkeit verstehen und bedenken, wie sich die Vorschriften auf den Plattformbetrieb und den Anlegerschutz auswirken können.

Fallstudien zum Peer-to-Peer-Kreditgeschäft

Fallstudie 1: Investition in ein Privatdarlehen

Anlegerprofil: Lisa, eine 45-jährige Anlegerin, investiert einen Teil ihres Portfolios in P2P-Kredite, um ihre Einkommensquellen zu diversifizieren und potenziell höhere Renditen als mit herkömmlichen Anlagen zu erzielen.

Plattformauswahl: Lisa wählt eine seriöse P2P-Kreditplattform, die für ihr strenges Kreditnehmerprüfungsverfahren und ihre transparenten Kreditlisten bekannt ist.

Anlagestrategie: Lisa diversifiziert ihre Anlagen, indem sie kleine Beträge in mehrere Kredite unterschiedlicher Risikokategorien investiert, darunter auch Verbraucherkredite zur Schuldenkonsolidierung und zur Modernisierung ihres Eigenheims.

Rendite: Über einen Zeitraum von einem Jahr erzielt Lisa mit ihren P2P-Kreditinvestitionen eine durchschnittliche Rendite von 7 % und erhält monatliche Zinszahlungen und gelegentliche Kapitalrückzahlungen.

Risikomanagement: Lisa überwacht ihr Kreditportfolio regelmäßig über das Investoren-Dashboard der Plattform, bewertet das Rückzahlungsverhalten der Kreditnehmer und passt ihre Anlagestrategie anhand von Leistungskennzahlen an.

Fallstudie 2: Kredite für kleine Unternehmen

Anlegerprofil: Mark, ein 50-jähriger Unternehmer, möchte kleine Unternehmen unterstützen und durch P2P-Kredite passives Einkommen erzielen.

Plattformauswahl: Mark wählt eine P2P-Kreditplattform, die auf Kredite für kleine Unternehmen spezialisiert ist und die Möglichkeit bietet, in Kredite zur Bestandserweiterung und als Betriebskapital zu investieren.

Anlagestrategie: Mark konzentriert sich auf die Finanzierung von Krediten an etablierte Kleinunternehmen mit starken Einnahmequellen und positivem Cashflow. Er diversifiziert seine Investitionen über mehrere Branchen, um sektorspezifische Risiken zu mindern.

Rendite: Mark erzielt mit seinem Kreditportfolio für kleine Unternehmen eine durchschnittliche Rendite von 9 % pro Jahr und erhält vierteljährlich Zins- und Tilgungszahlungen, die zu seiner passiven Einnahmequelle beitragen.

Soziale Auswirkungen: Durch Investitionen in Kredite für Kleinunternehmen trägt Mark zur Schaffung von Arbeitsplätzen, zum Wirtschaftswachstum und zur unternehmerischen Entwicklung in seiner Gemeinde bei.

Peer-to-Peer-Kredite stellen eine attraktive Möglichkeit für Anleger dar, die ihr Portfolio diversifizieren und durch direkte Kreditvergabe an Privatpersonen und Unternehmen passives Einkommen erzielen möchten. Wenn Anleger die Vorteile, Risiken und Strategien von P2P-Krediten verstehen, können sie fundierte Entscheidungen treffen und ihre Investitionen in diese sich entwickelnde Anlageklasse effektiv verwalten.

Egal, ob Sie ein konservativer Investor sind, der stabile Renditen anstrebt, oder ein aggressiverer Investor, der seine Erträge maximieren möchte, P2P-Kreditplattformen bieten Flexibilität und Zugänglichkeit, um verschiedenen Anlagepräferenzen gerecht zu werden. Indem Sie solide Anlagepraktiken umsetzen, eine gründliche Due-Diligence-Prüfung durchführen und sich über Markttrends und regulatorische Entwicklungen auf dem Laufenden halten, können Sie das Potenzial von P2P-Krediten nutzen, um mehrere Einkommensquellen zu schaffen und auf die Erlangung finanzieller Freiheit hinzuarbeiten.

Kapitel 4: Einen Online-Kurs erstellen

Das Erstellen und Verkaufen von Online-Kursen ist zu einer beliebten Methode geworden, um passives Einkommen zu erzielen und wertvolles Wissen mit einem weltweiten Publikum zu teilen. In diesem Kapitel werden die Schritte zum Erstellen eines Online-Kurses, Erfolgsstrategien, Plattformen zum Hosten von Kursen, Marketingtechniken und Beispiele aus der Praxis erfolgreicher Kursersteller erläutert.

Einführung in Online-Kurse

Online-Kurse bieten eine skalierbare Möglichkeit, Ihr Fachwissen zu monetarisieren, indem Sie Fachwissen, Fähigkeiten oder Erfahrungen in strukturierte Lernmodule packen. Egal, ob Sie Experte in den Bereichen Wirtschaft, Technologie, Kunst oder persönliche Entwicklung sind, mit der Erstellung eines Online-Kurses können Sie Lernende weltweit erreichen und im Laufe der Zeit passives Einkommen erzielen.

Warum einen Online-Kurs erstellen?

1. **Skalierbarkeit**: Sobald ein Online-Kurs erstellt ist, kann er ohne zusätzlichen Aufwand an eine unbegrenzte Anzahl von Studierenden verkauft werden, was ihn im Vergleich zu herkömmlichen Lehr- oder Beratungsdiensten in hohem Maße skalierbar macht.

2. **Passives Einkommen**: Kurse können durch einmalige Verkäufe, Abonnements oder Mitgliedschaften passives Einkommen generieren, sodass Sie Geld verdienen können, während Sie schlafen oder sich auf andere Projekte konzentrieren.

3. **Globale Reichweite**: Über das Internet erreichen Sie ein globales Publikum von Lernenden, die nach spezifischen Kenntnissen oder Fähigkeiten suchen, die Sie in Ihrem Kurs vermitteln können.

4. **Expertenstatus**: Durch die Erstellung und Lehre eines Online-Kurses werden Sie als Autorität auf Ihrem Gebiet etabliert, was Ihre Glaubwürdigkeit steigert und zusätzliche

Möglichkeiten für Vorträge, Beratungen oder Partnerschaften eröffnet.

Schritte zum Erstellen eines Online-Kurses

1. Identifizieren Sie Ihr Fachwissen und Ihr Publikum

Definieren Sie Ihr Fachgebiet und Ihre Zielgruppe. Überlegen Sie, welche Fähigkeiten, Kenntnisse und Erfahrungen Sie anderen effektiv vermitteln können. Führen Sie Marktforschung durch, um die Nachfrage nach Ihrem Kursthema zu ermitteln und die Bedürfnisse und Vorlieben Ihrer potenziellen Schüler zu verstehen.

2. Lernziele definieren

Legen Sie klare Lernziele für Ihren Kurs fest. Was sollen die Teilnehmer durch den Abschluss Ihres Kurses lernen oder erreichen? Teilen Sie Ihre Inhalte in Module oder Lektionen auf, die auf bestimmte Lernergebnisse abzielen und eine logische Abfolge von Fähigkeiten oder Wissen aufbauen.

3. Planen Sie Ihre Kursinhalte

Entwickeln Sie umfassende Kursinhalte, die Ihren Lernzielen entsprechen. Erstellen Sie spannende Vorlesungen, Präsentationen, Videos, Tests, Aufgaben und ergänzende Materialien wie Lesematerial oder Fallstudien. Organisieren Sie Ihre Inhalte in strukturierten Modulen mit klaren Titeln und Lernergebnissen.

4. Wählen Sie ein Kursformat

Wählen Sie ein geeignetes Format für die Bereitstellung Ihrer Kursinhalte, z. B. Videovorträge, Diashows, Screencasts oder interaktive Module. Wählen Sie Formate, die Ihren Unterrichtsstil am besten unterstützen und Ihren Schülern effektiv Informationen vermitteln.

5. Kursmaterialien erstellen oder kuratieren

Erstellen Sie hochwertige Kursmaterialien oder nutzen Sie vorhandene Ressourcen, die Ihren Inhalt bereichern. Investieren Sie bei Bedarf in professionelle Ausrüstung für Video- und Audioaufnahmen, um eine klare und ansprechende Vermittlung Ihrer Unterrichtseinheiten zu gewährleisten.

6. Wählen Sie eine Plattform für das Hosting Ihres Kurses

Wählen Sie eine Online-Lernplattform oder ein Lernmanagementsystem (LMS) zum Hosten und Bereitstellen Ihres Kurses. Beliebte Plattformen sind Udemy, Teachable, Thinkific und Coursera. Berücksichtigen Sie Faktoren wie Preis, Benutzerfreundlichkeit, Marketingtools und Unterstützung für Funktionen zur Einbindung der Schüler wie Quizze und Diskussionsforen.

7. Erstellen Sie Ihre Kursinhalte

Zeichnen Sie Videovorlesungen auf, erstellen Sie Diashows und entwickeln Sie interaktive Elemente, um die Beteiligung der Studierenden zu steigern. Bearbeiten Sie Ihre Inhalte, um Klarheit, Konsistenz und professionelle Qualität sicherzustellen. Integrieren Sie visuelle Elemente, Beispiele und praktische Übungen, um das Lernen zu verstärken.

8. Preis- und Registrierungsoptionen festlegen

Legen Sie die Preisstrategie für Ihren Kurs fest: eine einmalige Gebühr, ein Abonnementmodell oder eine Mitgliederseite mit fortlaufendem Zugriff auf neue Inhalte. Bieten Sie Aktionsrabatte oder kostenlose Testversionen an, um neue Studenten anzulocken und Feedback zu sammeln.

9. Implementieren Sie Marketingstrategien

Bewerben Sie Ihren Kurs über digitale Marketingkanäle wie soziale Medien, E-Mail-Newsletter, Blogs und bezahlte Werbung.

Nutzen Sie SEO-Techniken, um die Zielseite Ihres Kurses für Suchmaschinen zu optimieren und natürlichen Traffic zu generieren.

10. Starten und Leistung überwachen

Starten Sie Ihren Kurs und überwachen Sie seine Leistung mithilfe der Analysefunktionen Ihrer gewählten Plattform. Verfolgen Sie Studenteneinschreibungen, Engagement-Kennzahlen, Abschlussquoten und Feedback, um Ihre Kursinhalte und Marketingstrategien kontinuierlich zu verbessern.

Strategien für erfolgreiche Online-Kurse

1. Fokus auf das Engagement der Studierenden

Schaffen Sie interaktive und spannende Lernerfahrungen durch Quizze, Aufgaben, Diskussionsforen und Live-Frage-und-Antwort-Sitzungen. Fördern Sie die Beteiligung der

Schüler und fördern Sie ein Gemeinschaftsgefühl unter den Lernenden.

2. Stellen Sie wertvolle Inhalte bereit

Liefern Sie Inhalte, die wertvoll, umsetzbar und für die Bedürfnisse Ihrer Schüler relevant sind. Gehen Sie auf gängige Herausforderungen ein, bieten Sie praktische Lösungen an und teilen Sie Beispiele aus der Praxis oder Fallstudien, um wichtige Konzepte zu veranschaulichen.

3. Zusätzliche Ressourcen anbieten

Ergänzen Sie Ihre zentralen Kursinhalte mit Bonusmaterialien, herunterladbaren Ressourcen, Leseempfehlungen und Zugang zu exklusiven Webinaren oder Workshops. Bieten Sie fortlaufenden Mehrwert, um die Bindung und Loyalität der Studenten zu fördern.

4. Bauen Sie Ihre Marke auf

Entwickeln Sie eine starke persönliche oder Markenidentität, die bei Ihrer Zielgruppe Anklang findet. Entwickeln Sie eine professionelle Kurs-Website oder Landingpage, die Ihr Fachwissen widerspiegelt und Erfahrungsberichte, Qualifikationen und Erfolgsgeschichten ehemaliger Kursteilnehmer präsentiert.

5. Kontinuierliche Verbesserung anstreben

Sammeln Sie Feedback von Studierenden durch Umfragen, Rezensionen und Kursbewertungen. Nutzen Sie konstruktive Kritik, um Ihre Kursinhalte zu verfeinern, veraltete Materialien zu aktualisieren und sich an sich entwickelnde Branchentrends oder Präferenzen der Studierenden anzupassen.

Plattformen zum Hosten von Online-Kursen

1. Udemy

Udemy ist eine der größten Online-Lernplattformen und bietet eine breite Palette von Kursen zu unterschiedlichen Themen. Es bietet Tools zur Kurserstellung, Marketingunterstützung und Zugang zu einer weltweiten Studentenbasis. Udemy kümmert sich um die Zahlungsabwicklung und das Hosting und erhält einen Prozentsatz der Kursverkäufe als Provision.

2. Lehrbar

Mit Teachable können Dozenten ihre Online-Kurse ganz einfach erstellen und anpassen. Es bietet Funktionen wie integrierte Zahlungsabwicklung, Kursanalysen, Tools zur Studentenverwaltung und die Möglichkeit, Verkaufsseiten und Werbecoupons zu erstellen. Teachable erhebt je nach Preisplan eine monatliche Gebühr oder einen Prozentsatz der Kursverkäufe.

3. Denkwürdig

Thinkific bietet eine benutzerfreundliche Plattform zum Erstellen, Vermarkten und Verkaufen von Online-Kursen. Es bietet anpassbare Kursvorlagen, Unterstützung für Multimedia-Inhalte, Funktionen zur Einbindung von Studenten sowie Integrationen mit E-Mail-Marketing-Tools und Zahlungsgateways. Thinkific erhebt eine monatliche Gebühr, ohne Transaktionsgebühren für Kursverkäufe.

4. Coursera

Coursera arbeitet mit Universitäten und Bildungseinrichtungen zusammen, um Online-Kurse, Spezialisierungen und Studiengänge anzubieten. Es legt Wert auf akademische Strenge und bietet Kurse in verschiedenen Disziplinen an, darunter Wirtschaft, Technologie und Gesundheitswesen. Coursera stellt nach Abschluss des Kurses Zertifikate aus und berechnet den Studenten eine Einschreibegebühr. Die Einnahmen werden mit den Kursentwicklern geteilt.

Vermarktung Ihres Online-Kurses

1. Inhaltsvermarktung

Erstellen Sie Blogbeiträge, Videos und Infografiken zu Ihrem Kursthema, um potenzielle Studierende durch organischen Suchverkehr anzulocken. Geben Sie wertvolle Erkenntnisse, Tipps und Fallstudien weiter, die Ihr Fachwissen demonstrieren und Ihren Kurs als Lösung für die Herausforderungen der Lernenden bewerben.

2. Werbung in sozialen Medien

Nutzen Sie Social-Media-Plattformen wie Facebook, Twitter, LinkedIn und Instagram, um Ihre Kursinhalte zu bewerben, mit Followern zu interagieren und eine Community rund um Ihr Fachwissen aufzubauen. Teilen Sie Erfahrungsberichte, Kursaktualisierungen und Werbeangebote, um die Anmeldung zu fördern.

3. E-Mail-Marketing-Kampagnen

Erstellen Sie eine E-Mail-Liste mit interessierten Interessenten und versenden Sie gezielte Kampagnen, um für Ihren Kursstart, spezielle Aktionen oder Updates zu werben. Verwenden Sie überzeugende Betreffzeilen, personalisierte Inhalte und klare Handlungsaufforderungen, um Konversionen zu fördern und die Einschreibungszahlen zu erhöhen.

4. Bezahlte Werbung

Investieren Sie in bezahlte Werbekampagnen auf Plattformen wie Google Ads oder Facebook Ads, um ein breiteres Publikum potenzieller Studenten zu erreichen. Zielen Sie auf bestimmte demografische Merkmale, Interessen und geografische Standorte ab, um die Wirksamkeit der Anzeige zu maximieren und qualifizierte Leads für Ihren Kurs zu generieren.

5. Kooperationen und Partnerschaften

Arbeiten Sie mit Influencern, Branchenexperten oder ergänzenden Unternehmen zusammen, um die Reichweite Ihres Kurses durch gemeinsame Werbeaktionen, Gastbeiträge oder gemeinsam veranstaltete Webinare zu erhöhen. Die Partnerschaft mit glaubwürdigen Quellen kann die Glaubwürdigkeit Ihres Kurses steigern und neue Studenten anziehen.

Fallstudien zur Erstellung von Online-Kursen

Fallstudie 1: Kurs zur finanziellen Allgemeinbildung

Dozentenprofil: John, ein zertifizierter Finanzplaner, erstellt einen Onlinekurs zu persönlichen Finanzen und Investitionen, um Einzelpersonen beizubringen, wie sie ihr Geld effektiv verwalten und Vermögen aufbauen können.

Kursentwicklung: John fasst zentrale Finanzthemen wie Budgetierung, Sparen, Investieren und Ruhestandsplanung in strukturierten Modulen mit praktischen Übungen und Beispielen aus dem echten Leben zusammen.

Plattformauswahl: John wählt Teachable als Plattform für seinen Kurs und nutzt die Anpassungsfunktionen und Marketingtools von Teachable, um Studenten anzuziehen, die ihre Finanzkenntnisse verbessern möchten.

Marketingstrategie: John bewirbt seinen Kurs durch gezielte Facebook-Anzeigen, LinkedIn-Posts und Gastbeiträge auf Finanzplanungs-Websites. Er bietet ein kostenloses Einführungs-Webinar an, um potenzielle Studenten anzulocken und E-Mail-Adressen für zukünftige Marketingkampagnen zu sammeln.

Engagement der Studierenden: John integriert interaktive Tests, herunterladbare Ressourcen und Live-Frage-und-Antwort-Sitzungen, um das Engagement der Studierenden zu steigern und sie zur aktiven Teilnahme am Kurs zu ermutigen.

Ergebnisse: Innerhalb von sechs Monaten verzeichnet Johns Kurs über 500 Anmeldungen und generiert durch Kursverkäufe und wiederkehrende Mitgliedschaftsabonnements ein beträchtliches passives Einkommen. Positive Erfahrungsberichte von Studenten und Mundpropaganda steigern die Anmeldezahlen zusätzlich und etablieren John als vertrauenswürdige Autorität in der Finanzbildung.

Fallstudie 2: Coding Bootcamp Kurs

Profil des Dozenten: Sarah, eine Softwareentwicklerin mit langjähriger Branchenerfahrung, entwickelt ein Online-Coding-Bootcamp, um Anfängern das Programmieren beizubringen und sie auf Programmierjobs auf Einstiegsniveau vorzubereiten.

Kursstruktur: Sarah entwirft einen umfassenden Lehrplan, der Programmiersprachen, Webentwicklung, Algorithmen und Prinzipien der Softwareentwicklung abdeckt. Sie unterteilt komplexe Themen in leicht verständliche Lektionen mit praktischen Programmierübungen und Projekten.

Plattformauswahl: Sarah arbeitet für die Durchführung ihres Coding-Bootcamps mit Udemy zusammen und nutzt dessen globale Reichweite und Werberessourcen, um angehende Programmierer auf der ganzen Welt zu erreichen.

Marketingansatz: Sarah erstellt YouTube-Tutorials und Coding-Challenge-Videos, um angehende Programmierer für ihren Udemy-Kurs zu gewinnen. Sie erzählt von ihrem eigenen beruflichen Werdegang und Erfolgsgeschichten von Studenten, die nach Abschluss ihres Bootcamps einen Job gefunden haben.

Community-Aufbau: Sarah fördert eine unterstützende Online-Community durch Foren, Slack-Kanäle und virtuelle Treffen, bei denen Studierende zusammenarbeiten, Fragen stellen und Programmiertipps austauschen können.

Ergebnisse: Sarahs Coding-Bootcamp kommt schnell an und zieht im ersten Monat Hunderte von Studenten an. Positive Bewertungen und Empfehlungen auf Udemy tragen zu einer steigenden Zahl von Anmeldungen bei, während Sarah die Kursinhalte laufend aktualisiert, um die neuesten Branchentrends und Technologien widerzuspiegeln.

Die Erstellung eines Online-Kurses bietet eine hervorragende Möglichkeit, passives Einkommen zu erzielen und gleichzeitig wertvolles Wissen und Fähigkeiten mit einem weltweiten Publikum zu teilen. Indem Sie die in diesem Kapitel beschriebenen Schritte befolgen – Ihre Fachkompetenz ermitteln, Ihre

Kursinhalte planen, die richtige Plattform auswählen, effektive Marketingstrategien implementieren und Ihren Kurs kontinuierlich verbessern – können Sie ein erfolgreiches Online-Unterrichtsunternehmen aufbauen.

Kapitel 5: Schreiben und Verkaufen von E-Books

Das Schreiben und Verkaufen von E-Books ist eine vielseitige und leicht zugängliche Möglichkeit, passives Einkommen zu erzielen, indem Sie Ihr Wissen, Ihre Geschichten oder Ihr Fachwissen mit Lesern auf der ganzen Welt teilen. In diesem Kapitel werden der Prozess des Schreibens und Veröffentlichens von E-Books, Strategien zur Umsatzmaximierung, Vertriebsplattformen, Marketingtechniken und Fallstudien erfolgreicher E-Book-Autoren untersucht.

Einführung in E-Books

E-Books haben die Verlagsbranche revolutioniert. Autoren können traditionelle Verlage umgehen und ihre Werke über digitale Plattformen direkt an ihre Leser verteilen. Egal, ob Sie ein erfahrener Autor, ein Fachexperte oder ein Geschichtenerzähler sind: Durch die Erstellung von E-Books können Sie mit jedem Verkauf Tantiemen verdienen und im Laufe der Zeit eine passive Einnahmequelle aufbauen.

Warum E-Books schreiben und verkaufen?

1. **Geringe Einstiegshürde**: Jeder mit schriftstellerischen Fähigkeiten und wertvollen Inhalten kann ein eBook veröffentlichen, ohne

dass ein Literaturagent oder ein traditioneller Verlagsvertrag erforderlich ist.

2. **Globale Reichweite**: E-Books können über Online-Marktplätze und -Plattformen ein globales Leserpublikum erreichen und so Ihr Verkaufspotenzial maximieren.

3. **Passives Einkommen**: Auch nach der Veröffentlichung generieren E-Books durch laufende Verkäufe weiterhin Einnahmen und stellen so eine Quelle passiven Einkommens dar.

4. **Kreative Kontrolle**: Die Autoren behalten die volle Kontrolle über Inhalt, Preisgestaltung und Vertriebsrechte, was ihnen Flexibilität bei Marketing- und Werbestrategien ermöglicht.

Schritte zum Schreiben und Verkaufen von E-Books

1. Wählen Sie ein Thema und definieren Sie Ihr Publikum

Identifizieren Sie ein Nischenthema oder einen Themenbereich, der zu Ihrem Fachwissen, Ihren Interessen oder den Bedürfnissen Ihres Publikums passt. Führen Sie Marktforschung durch, um die Nachfrage zu ermitteln und potenzielle Leser zu identifizieren, die von Ihrem eBook profitieren würden.

2. Skizzieren Sie den Inhalt Ihres eBooks

Erstellen Sie eine detaillierte Gliederung, in der die Struktur und die Kapitel Ihres eBooks beschrieben werden. Definieren Sie die wichtigsten Themen, Konzepte oder Lektionen, die Sie behandeln möchten, und ordnen Sie sie logisch an, um die Leser durch den Inhalt zu führen.

3. Schreiben Sie überzeugende Inhalte

Beginnen Sie mit dem Schreiben Ihres E-Book-Inhalts auf der Grundlage der Gliederung. Konzentrieren Sie sich darauf, wertvolle Informationen, Erkenntnisse oder Unterhaltung zu bieten, die die Leser fesseln und ihre Erwartungen erfüllen. Behalten Sie einen klaren und ansprechenden Schreibstil bei, um das Interesse der Leser von Anfang bis Ende aufrechtzuerhalten.

4. Bearbeiten und Überarbeiten

Überprüfen und bearbeiten Sie Ihr eBook auf Klarheit, Kohärenz und Genauigkeit. Achten Sie auf korrekte Grammatik, Zeichensetzung und Formatierung, um die Lesbarkeit zu verbessern. Ziehen Sie in Erwägung, einen professionellen Lektor zu engagieren oder Ihr Manuskript vor der Veröffentlichung mit Bearbeitungstools zu überarbeiten.

5. Gestalten Sie Ihr eBook-Cover und -Layout

Erstellen Sie ein auffälliges eBook-Cover, das potenzielle Leser anzieht und den Inhalt und das Thema Ihres Buches widerspiegelt. Entwerfen Sie ein professionelles Layout für die Innenseiten, einschließlich Kapitelüberschriften,

Schriftarten und grafischen Elementen, die die Lesbarkeit und visuelle Attraktivität verbessern.

6. Formatieren Sie Ihr eBook für die Veröffentlichung

Konvertieren Sie Ihr Manuskript in gängige E-Book-Formate wie ePub, MOBI oder PDF, je nachdem, welche Veröffentlichungsplattform Sie verwenden möchten. Stellen Sie die Kompatibilität mit E-Readern, Tablets und Mobilgeräten sicher, um die Zugänglichkeit für Leser zu maximieren.

7. Wählen Sie Veröffentlichungsplattformen

Wählen Sie eBook-Veröffentlichungsplattformen aus, auf denen Sie Ihr eBook vertreiben und verkaufen können. Beliebte Optionen sind Amazon Kindle Direct Publishing (KDP), Apple Books, Barnes & Noble Press und Smashwords. Bewerten Sie die Lizenzgebühren, die Vertriebsreichweite und die

Marketingtools jeder Plattform, um eine fundierte Entscheidung treffen zu können.

8. Preis- und Vertriebsoptionen festlegen

Bestimmen Sie die Preisstrategie für Ihr eBook und berücksichtigen Sie dabei Faktoren wie Marktwettbewerb, Buchumfang und Lesererwartungen. Wählen Sie zwischen exklusiven und nicht exklusiven Vertriebsoptionen auf Plattformen wie KDP Select, die im Austausch für Exklusivität zusätzliche Werbemöglichkeiten bieten.

9. Veröffentlichen Sie Ihr eBook

Laden Sie Ihre E-Book-Dateien, das Coverbild und die Metadaten auf die von Ihnen gewählte Veröffentlichungsplattform hoch. Füllen Sie die erforderlichen Felder für Buchtitel, Beschreibung, Kategorien und Schlüsselwörter aus, um die Auffindbarkeit zu optimieren und potenzielle Leser anzulocken.

10. Implementieren Sie Marketing und Werbung

Entwickeln Sie einen Marketingplan, um für Ihr eBook zu werben und Leser zu gewinnen. Nutzen Sie digitale Marketingkanäle wie soziale Medien, E-Mail-Newsletter, Autoren-Websites und Websites zur Buchwerbung, um Ihre Zielgruppe zu erreichen. Bieten Sie Aktionsrabatte, kostenlose Vorschauen oder zeitlich begrenzte Angebote an, um den ersten Umsatz zu steigern und Leserrezensionen zu sammeln.

Strategien für den erfolgreichen E-Book-Verkauf

1. Bauen Sie eine Autorenplattform auf

Bauen Sie als Autor eine Onlinepräsenz auf, indem Sie eine eigene Website, einen Blog oder Social-Media-Profile erstellen. Teilen Sie Inhalte, die mit dem Thema Ihres E-Books in Zusammenhang stehen, interagieren Sie mit

Lesern und bauen Sie eine Community von Followern auf, die sich für Ihr Werk interessieren.

2. Nutzen Sie Amazon KDP Select

Registrieren Sie Ihr eBook im KDP Select-Programm von Amazon, um auf Werbetools wie Kindle Countdown Deals und kostenlose Buchaktionen zuzugreifen. Diese Funktionen können die Sichtbarkeit erhöhen, neue Leser anziehen und die Verkaufszahlen im Kindle-Shop steigern.

3. Leserrezensionen sammeln

Ermutigen Sie Ihre Leser, auf Verkaufsplattformen wie Amazon und Goodreads ehrliche Rezensionen und Bewertungen für Ihr eBook zu hinterlassen. Positive Rezensionen schaffen Glaubwürdigkeit und beeinflussen die Kaufentscheidung potenzieller Käufer, was zu höheren Umsätzen und mehr Sichtbarkeit führt.

4. Arbeiten Sie mit Influencern zusammen

Arbeiten Sie mit Bloggern, Podcastern oder Influencern in Ihrer Nische zusammen, um Ihr eBook bei deren Publikum bekannt zu machen. Bieten Sie kostenlose Exemplare für Rezensionen oder Interviews an, um neue Leser zu erreichen und die Reichweite Ihres Buches durch vertrauenswürdige Empfehlungen zu erhöhen.

5. Ergänzende Inhalte erstellen

Entwickeln Sie ergänzende Inhalte zu Ihrem E-Book, wie Bonuskapitel, Arbeitsblätter oder Video-Tutorials, um den Lesern einen Mehrwert zu bieten. Bieten Sie diese Ressourcen als Anreiz für den Kauf Ihres E-Books oder das Abonnieren Ihres Autoren-Newsletters an.

Plattformen für den Verkauf von E-Books

1. Amazon Kindle Direct Publishing (KDP)

Amazon KDP ist der größte eBook-Händler und bietet Autoren über den Kindle-Shop Zugang zu Millionen von Lesern weltweit. KDP bietet Tools für die Erstellung, Veröffentlichung und Vermarktung von eBooks, mit denen Autoren bis zu 70 % Tantiemen aus Verkäufen verdienen können.

2. Apple Bücher

Apple Books bietet Autoren eine Plattform, um eBooks an Apples weltweite Zielgruppe von iOS-Nutzern zu verkaufen. Autoren können die Books Author-App verwenden oder eBooks direkt über das iTunes Connect-Portal einreichen und so bei jedem Verkauf wettbewerbsfähige Tantiemen verdienen.

3. Barnes & Noble Press

Barnes & Noble Press ermöglicht Autoren die Selbstveröffentlichung von E-Books und gedruckten Büchern zur Verteilung über den

Online-Shop und die Einzelhandelsgeschäfte von Barnes & Noble. Die Autoren behalten die Kontrolle über Preisgestaltung, Tantiemen und Werbemöglichkeiten, um Leser zu erreichen.

4. Schlagwörter

Smashwords bietet eine Vertriebsplattform für eBooks bei mehreren Einzelhändlern, darunter Barnes & Noble, Apple Books und Kobo. Autoren können ihre eBooks in verschiedenen Formaten hochladen und globale Preise festlegen, wobei sie bis zu 85 % Tantiemen bei Direktverkäufen über den Smashwords-Store verdienen.

Vermarktung Ihres E-Books

1. Inhaltsvermarktung

Erstellen Sie Blogbeiträge, Artikel oder Gastbeiträge zum Thema Ihres E-Books, um natürlichen Traffic zu generieren und Ihre Autorität als Autor zu etablieren. Fügen Sie

Links zur Verkaufsseite Ihres E-Books ein oder bieten Sie kostenlose Beispielkapitel an, um die Leser zum Kauf des vollständigen E-Books zu animieren.

2. E-Mail-Marketing-Kampagnen

Erstellen Sie eine E-Mail-Liste mit interessierten Lesern und versenden Sie gezielte Kampagnen, um für die Einführung Ihres E-Books, Sonderaktionen oder exklusive Inhalte zu werben. Verwenden Sie überzeugende Betreffzeilen und personalisierte Nachrichten, um Abonnenten zum Klicken und Kaufen zu animieren.

3. Werbung in sozialen Medien

Teilen Sie optisch ansprechende Grafiken, Zitate oder Auszüge aus Ihrem eBook auf Social-Media-Plattformen wie Facebook, Twitter und Instagram. Verwenden Sie relevante Hashtags, interagieren Sie mit Followern und führen Sie bezahlte Werbekampagnen durch, um ein breiteres Publikum potenzieller Leser zu erreichen.

4. Buchvorstellungsveranstaltungen

Organisieren Sie virtuelle oder persönliche Buchpräsentationen, Webinare oder Fragen-und-Antwort-Runden mit dem Autor, um Begeisterung und Begeisterung für die Veröffentlichung Ihres E-Books zu wecken. Bieten Sie den Teilnehmern signierte Exemplare, exklusive Boni oder zeitlich begrenzte Rabatte an, um sie zum sofortigen Kauf zu animieren.

5. Website und Blog des Autors

Erstellen Sie eine professionelle Autoren-Website oder einen Blog, um Ihr eBook zu präsentieren, Einblicke hinter die Kulissen zu geben und mit Lesern in Kontakt zu treten. Optimieren Sie Ihre Website für Suchmaschinen mit relevanten Schlüsselwörtern und fügen Sie direkte Links zum Kauf Ihres eBooks auf Einzelhandelsplattformen ein.

Fallstudien

Fallstudie 1: E-Book zur Selbsthilfe

Autorenprofil: Emma, Lebensberaterin und Motivationsrednerin, schreibt ein eBook mit dem Titel „Erreichen Sie Ihre Ziele: Der ultimative Leitfaden zum persönlichen Erfolg."

Inhaltsentwicklung: Emma beschreibt praktische Strategien, Übungen und Motivationstipps, die den Lesern dabei helfen, Ziele zu setzen und zu erreichen, ihre Selbstdisziplin zu verbessern und Hindernisse zu überwinden.

Plattformauswahl: Emma veröffentlicht ihr eBook über Amazon KDP, um dessen globale Reichweite und Werbetools zu nutzen. Sie wählt den nicht-exklusiven Vertrieb, um ihr eBook auf mehreren Plattformen zu verkaufen und das Verkaufspotenzial zu maximieren.

Marketingstrategie: Emma bewirbt ihr eBook durch Social-Media-Kampagnen, Gastbeiträge auf Websites zur persönlichen Entwicklung und gezielte Facebook-Werbung. Sie bietet ein kostenlos herunterladbares Arbeitsblatt zur Zielsetzung als Lead-Magnet an, um potenzielle Leser auf ihre E-Mail-Liste zu locken.

Ergebnisse: Innerhalb von drei Monaten erreicht Emmas E-Book den Bestseller-Status in der Kategorie Selbsthilfe bei Amazon und generiert konstante Tantiemen aus E-Book-Verkäufen und positiven Leserrezensionen. Emma baut ihre Marke als Motivationsexpertin aus und erhält Einladungen zu Vorträgen und Coachingsitzungen.

Fallstudie 2: Rezepte-eBook

Autorenprofil: Michael, ein professioneller Koch und Food-Blogger, erstellt ein eBook mit dem Titel „Schnelle und gesunde Mahlzeiten: 50 einfache Rezepte für vielbeschäftigte Familien."

Inhaltserstellung: Michael stellt eine Sammlung nahrhafter und leicht zuzubereitender Rezepte zusammen, die für vielbeschäftigte Eltern und Personen geeignet sind, die zu Hause gesunde Mahlzeiten zu sich nehmen möchten.

Vertriebskanal: Michael veröffentlicht sein eBook sowohl auf Amazon KDP als auch auf seinem persönlichen Blog mit WooCommerce. Er bietet exklusive Bonusinhalte wie Video-Tutorials und Einkaufslisten an, um Käufe direkt von seiner Website aus zu fördern.

Marketingansatz: Michael bewirbt sein eBook durch Rezeptvideos auf YouTube, Instagram-Food-Fotografie und Kooperationen mit Food-Influencern. Er veranstaltet virtuelle Kochvorführungen und bietet

Wettbewerbsgewinnern und treuen Abonnenten signierte Exemplare seines eBooks an.

Erfolg: Michaels eBook erhält positive Bewertungen und Empfehlungen von kulinarischen Influencern und Gesundheitsbloggern, was den Umsatz steigert und den Traffic und die Abonnentenbasis seines Blogs erhöht. Er monetarisiert sein Fachwissen durch gesponserte Inhalte, Kochkurse und Affiliate-Marketing-Partnerschaften.

Das Schreiben und Verkaufen von E-Books ist ein lohnendes Unterfangen, das es Autoren ermöglicht, ihr Wissen, ihre Geschichten oder ihr Fachwissen zu teilen und gleichzeitig ein passives Einkommen zu erzielen. Indem Sie die in diesem Kapitel beschriebenen Schritte befolgen – ein fesselndes Thema wählen, ansprechende Inhalte schreiben, für die Veröffentlichung formatieren und Ihr E-Book effektiv vermarkten – können Sie eine nachhaltige passive Einnahmequelle aufbauen und ein globales Publikum von Lesern erreichen, die sich für Ihre Nische interessieren.

Kapitel 6: Affiliate-Marketing

Affiliate-Marketing ist eine wirkungsvolle Strategie zur Generierung passiven Einkommens, indem Sie die Produkte oder

Dienstleistungen anderer Personen bewerben und für jeden Verkauf oder Lead, der durch Ihre Empfehlung generiert wird, eine Provision verdienen. In diesem Kapitel werden die Grundlagen des Affiliate-Marketings behandelt, wie Sie damit beginnen, effektive Erfolgsstrategien, die Auswahl profitabler Affiliate-Programme und Fallstudien erfolgreicher Affiliate-Vermarkter.

Einführung in das Affiliate-Marketing

Beim Affiliate-Marketing geht man Partnerschaften mit Unternehmen oder Einzelpersonen (Händlern) ein, die Partnerprogramme anbieten. Als Affiliate-Vermarkter bewerben Sie deren Produkte oder Dienstleistungen bei Ihrem Publikum über verschiedene Marketingkanäle wie Websites, Blogs, soziale Medien, E-Mail-Newsletter und YouTube-Videos. Wenn jemand über Ihren einzigartigen Affiliate-Link einen Kauf tätigt oder eine gewünschte Aktion ausführt (z. B. die

Anmeldung für einen Newsletter), verdienen Sie eine Provision.

Warum Affiliate-Marketing wählen?

1. **Geringe Startkosten**: Sie können mit minimalen Investitionen ins Affiliate-Marketing einsteigen. Sie müssen keine eigenen Produkte oder Dienstleistungen erstellen, sich um den Kundensupport kümmern oder den Lagerbestand verwalten.

2. **Potenzial für passives Einkommen**: Einmal eingerichtet, können Affiliate-Links passiv Einkommen generieren, solange sie weiterhin Conversions und Verkäufe vorantreiben.

3. **Skalierbarkeit**: Affiliate-Marketing ermöglicht Ihnen, Ihre Einnahmen zu skalieren, indem Sie mehrere Produkte in verschiedenen Nischen bewerben und die Reichweite Ihres Publikums erweitern.

4. **Flexibilität**: Sie haben die Flexibilität, Produkte oder Dienstleistungen auszuwählen, die Ihren Interessen, Ihrem Fachwissen und den Vorlieben Ihres Publikums entsprechen.

Erste Schritte mit Affiliate-Marketing

1. Wählen Sie Ihre Nische

Wählen Sie eine Nische oder einen Themenbereich, der Sie interessiert und zu Ihrem Fachwissen passt. Berücksichtigen Sie die Bedürfnisse, Vorlieben und das Kaufverhalten Ihrer Zielgruppe, um lukrative Partnermöglichkeiten innerhalb dieser Nische zu identifizieren.

2. Informieren Sie sich über Partnerprogramme

Entdecken Sie Partnernetzwerke und einzelne Händler, die Produkte oder Dienstleistungen anbieten, die für Ihre Nische relevant sind. Berücksichtigen Sie Faktoren wie

Provisionssätze, Cookie-Dauer (der Zeitraum, in dem Sie Provisionen für den Einkauf eines Kunden verdienen), Zahlungsbedingungen und Partner-Support.

3. Bauen Sie Ihre Plattform

Richten Sie eine Plattform ein, auf der Sie Partnerprodukte bewerben, z. B. einen Blog, eine Website, einen YouTube-Kanal, Social-Media-Profile oder einen E-Mail-Newsletter. Optimieren Sie Ihre Plattform für SEO, um organischen Traffic anzuziehen und ein treues Publikum aufzubauen, das an Ihren Inhalten interessiert ist.

4. Erstellen Sie qualitativ hochwertige Inhalte

Erstellen Sie wertvolle und relevante Inhalte, die Ihr Publikum informieren, unterhalten oder Probleme lösen. Integrieren Sie Affiliate-Links auf natürliche Weise in Ihre Inhalte, beispielsweise Produktbewertungen, Tutorials, Vergleichsleitfäden oder Empfehlungen.

5. Geben Sie Ihre Affiliate-Beziehungen bekannt

Halten Sie ethische Richtlinien und gesetzliche Anforderungen ein, indem Sie Ihrem Publikum Ihre Affiliate-Beziehungen klar offenlegen. Transparenz schafft Vertrauen und Glaubwürdigkeit und erhöht die Wahrscheinlichkeit von Konversionen.

Strategien für erfolgreiches Affiliate-Marketing

1. Inhaltsvermarktung

Erstellen Sie informative und ansprechende Inhalte, die die Probleme Ihrer Zielgruppe ansprechen und sie zum Handeln anregen. Verwenden Sie bewährte SEO-Methoden, um Ihre Inhalte für relevante Schlüsselwörter zu optimieren und organischen Traffic von Suchmaschinen zu generieren.

2. E-Mail-Marketing-Kampagnen

Erstellen Sie eine E-Mail-Liste mit Abonnenten, die an Ihrer Nische interessiert sind, und senden Sie gezielte Kampagnen mit Partnerprodukten oder -diensten. Verwenden Sie überzeugende Handlungsaufforderungen (Call-to-Actions, CTAs), personalisierte Empfehlungen und exklusive Angebote, um Conversions zu erzielen.

3. Werbung in sozialen Medien

Nutzen Sie Social-Media-Plattformen wie Facebook, Instagram, Twitter, LinkedIn und Pinterest, um Ihren Followern Partnerprodukte vorzustellen. Teilen Sie optisch ansprechende Inhalte, Kundenreferenzen und Aktionsrabatte, um Engagement und Klicks auf Ihre Partnerlinks zu fördern.

4. Bezahlte Werbung

Investieren Sie in bezahlte Werbekanäle wie Google Ads, Facebook Ads oder native Werbeplattformen, um ein größeres Publikum zu erreichen und Partnerangebote zu bewerben. Implementieren Sie gezielte Werbekampagnen basierend auf demografischen Merkmalen, Interessen und Kaufverhalten, um den ROI zu maximieren.

5. Bauen Sie Beziehungen zu Ihrem Publikum auf

Interagieren Sie mit Ihrem Publikum durch Kommentare, Nachrichten und Social-Media-Interaktionen. Beantworten Sie ihre Fragen, geben Sie hilfreiche Ratschläge und empfehlen Sie relevante Partnerprodukte basierend auf ihren Bedürfnissen und Vorlieben.

Auswahl profitabler Partnerprogramme

1. Hohe Provisionssätze

Wählen Sie Partnerprogramme aus, die im Verhältnis zum Produktpreis wettbewerbsfähige Provisionssätze bieten. Suchen Sie nach Programmen mit wiederkehrenden Provisionen oder abgestuften Strukturen, die leistungsstarke Partner belohnen.

2. Qualitätsprodukte oder -dienstleistungen

Bewerben Sie Produkte oder Dienstleistungen, die den Interessen Ihres Publikums entsprechen und einen echten Mehrwert bieten. Wählen Sie seriöse Händler, die für ihren hervorragenden Kundenservice und die Einhaltung hoher Qualitätsstandards bekannt sind.

3. Lange Cookie-Dauer

Bevorzugen Sie Partnerprogramme mit längeren Cookie-Laufzeiten, damit Sie Provisionen auf zukünftige Käufe von Kunden verdienen können, die Sie innerhalb des Cookie-Fensters geworben haben.

4. Partner-Support und Ressourcen

Gehen Sie Partnerschaften mit Händlern ein, die umfassende Partnerunterstützung anbieten, darunter Marketingmaterialien, Tracking-Tools, Partner-Dashboards und dedizierte Partnermanager, die Sie bei der Kampagnenoptimierung und Leistungsverfolgung unterstützen.

Fallstudien

Fallstudie 1: Affiliate-Marketing für Fitness-Blogs

Affiliate-Vermarkterin: Emily, eine Fitness-Enthusiastin und Bloggerin, monetarisiert ihren Blog durch Affiliate-Marketing.

Nische: Emilys Blog konzentriert sich auf Fitnesstipps, Trainingsroutinen und gesundes Leben.

Partnerprogramme: Emily arbeitet mit Herstellern von Fitnessgeräten, Nahrungsergänzungsmittelherstellern und Online-Fitnesskursen zusammen.

Marketingstrategie: Emily erstellt ausführliche Produktbewertungen, Trainingsanleitungen mit empfohlener Ausrüstung und Ernährungsratgeber mit Affiliate-Links zu relevanten Produkten. Sie bewirbt Affiliate-Angebote über ihre Blogbeiträge, E-Mail-Newsletter und Social-Media-Plattformen.

Ergebnisse: Im Laufe der Zeit baut Emily ein treues Publikum aus Fitnessbegeisterten auf, die ihren Empfehlungen vertrauen. Sie verdient passives Einkommen durch Affiliate-Provisionen für den Verkauf von Fitnessgeräten, Nahrungsergänzungsmitteln und Kursanmeldungen. Emily baut ihre Affiliate-Partnerschaften und Inhaltsangebote weiter aus und steigert so ihr monatliches Einkommen.

Fallstudie 2: Technologie-YouTube-Kanal

Affiliate-Vermarkter: James, ein Technik-Enthusiast und YouTuber, monetarisiert seinen Kanal durch Affiliate-Marketing.

Nische: James erstellt Videorezensionen, Tutorials und Vergleiche von technischen Geräten.

Partnerprogramme: James arbeitet mit Elektronikhändlern, Softwareanbietern und Marken für technisches Zubehör zusammen.

Marketingstrategie: James integriert Affiliate-Links in seine Videobeschreibungen und empfiehlt Produkte, die in seinen Rezensionen und Tutorials vorgestellt werden. Er fügt Affiliate-Offenlegungen hinzu und hebt Produktfunktionen, Vorteile und Kaufoptionen hervor.

Ergebnisse: James' YouTube-Kanal wird unter Technikbegeisterten immer beliebter, steigert den Verkehr auf die Produktseiten der Partner und generiert Provisionen auf Verkäufe. Er erweitert seine Inhaltsbibliothek mit gesponserten Rezensionen und von Partnern bereitgestellten Inhalten, monetarisiert seinen Kanal weiter und baut Partnerschaften mit führenden Technologiemarken auf.

Affiliate-Marketing bietet eine skalierbare und lukrative Möglichkeit, passives Einkommen zu erzielen, indem Sie Produkte oder Dienstleistungen bewerben, die für die Interessen Ihres Publikums relevant sind. Indem Sie profitable Partnerprogramme auswählen, wertvolle Inhalte erstellen und effektive Marketingstrategien implementieren, können Sie als Affiliate-Vermarkter eine nachhaltige Einnahmequelle aufbauen.

Kapitel 7: Bloggen als Einkommensquelle

Bloggen hat sich von einem Hobby zu einem tragfähigen Geschäftsmodell entwickelt, das es Einzelpersonen ermöglicht, passives Einkommen zu erzielen, indem sie wertvolle Inhalte teilen, ein treues Publikum aufbauen und über verschiedene Kanäle Geld verdienen. In diesem Kapitel werden die Grundlagen des Bloggens als Einkommensquelle, Strategien zur Monetarisierung, Tipps zur Inhaltserstellung, bewährte Methoden zur Suchmaschinenoptimierung und Fallstudien erfolgreicher Blogger behandelt, die durch ihre Blogs finanzielle Freiheit erreicht haben.

Einführung in das Bloggen als Einkommensquelle

Beim Bloggen als Einkommensquelle wird ein Blog erstellt und gepflegt, dessen Hauptziel darin besteht, durch verschiedene Monetarisierungsmethoden Einnahmen zu erzielen. Erfolgreiche Blogger nutzen ihr Fachwissen, ihre Leidenschaften und Interessen, um ein gezieltes Publikum anzuziehen, Leser mit wertvollen Inhalten zu begeistern und ihr Blog durch Affiliate-Marketing, Display-Werbung, gesponserte Beiträge, digitale Produkte und mehr zu monetarisieren.

Warum sollte man mit Bloggen Geld verdienen?

1. **Flexibilität und Freiheit**: Beim Bloggen können Sie von überall aus arbeiten, Ihren eigenen Zeitplan festlegen und Themen verfolgen, die Sie interessieren.

2. **Skalierbarkeit**: Mit dem Wachstum Ihres Blogs steigt auch Ihr Potenzial, über mehrere Einnahmequellen passives Einkommen zu erzielen.

3. **Autorität aufbauen**: Etablieren Sie sich als Autorität in Ihrer Nische, gewinnen Sie Möglichkeiten für Partnerschaften, Vorträge und Kooperationen.

4. **Vielfältige Monetarisierungsmöglichkeiten**: Verdienen Sie Geld durch Affiliate-Marketing, Werbung, gesponserte Inhalte, den Verkauf digitaler Produkte, das Angebot von Online-Kursen und mehr.

Erste Schritte mit dem Bloggen

1. Wählen Sie Ihre Blogging-Nische

Wählen Sie eine Nische, die Ihren Interessen, Ihrem Fachwissen und der Marktnachfrage entspricht. Recherchieren Sie Trendthemen, die Beliebtheit von Schlüsselwörtern und die demografische Zusammensetzung des Publikums, um eine profitable Nische mit Wachstumspotenzial zu finden.

2. Richten Sie Ihr Blog ein

Registrieren Sie einen Domänennamen, der Ihre Marke oder Nische widerspiegelt, und wählen Sie einen zuverlässigen Webhosting-Anbieter.

Installieren Sie ein Content-Management-System (CMS) wie WordPress, Joomla oder Drupal, um den Inhalt Ihres Blogs effektiv zu verwalten.

3. Erstellen Sie qualitativ hochwertige Inhalte

Entwickeln Sie eine Content-Strategie basierend auf Keyword-Recherche und Zielgruppeninteressen. Schreiben Sie informative, ansprechende und SEO-optimierte Blogbeiträge, die Leserfragen beantworten, Lösungen bieten oder Ihr Publikum unterhalten.

4. Bauen Sie Ihr Publikum auf

Machen Sie Werbung für Ihren Blog über Social-Media-Plattformen, E-Mail-Newsletter, Gastbeiträge und die Vernetzung mit einflussreichen Personen in Ihrer Nische. Ermutigen Sie die Leser, Ihren Blog zu abonnieren und sich regelmäßig mit Ihren Inhalten zu beschäftigen.

5. Für SEO optimieren

Implementieren Sie Onpage- und Offpage-SEO-Techniken, um die Sichtbarkeit Ihres Blogs in den Suchmaschinenergebnissen zu verbessern. Verwenden Sie relevante Schlüsselwörter, optimieren Sie Meta-Tags, erstellen Sie Backlinks und stellen Sie sicher, dass Ihre Website auf allen Geräten schnell geladen wird.

Monetarisierungsstrategien für Blogger

1. Affiliate-Marketing

Bewerben Sie Partnerprodukte oder -dienstleistungen, die für Ihre Nische relevant sind, und verdienen Sie Provisionen auf Verkäufe, die über Ihre Partnerlinks generiert werden. Schreiben Sie Produktbewertungen, Vergleichsleitfäden und Tutorials, die Partnerlinks auf natürliche Weise in Ihren Inhalt integrieren.

2. Display-Werbung

Monetarisieren Sie Ihr Blog mit Display-Anzeigen über Werbenetzwerke wie Google AdSense, Media.net oder durch direkten Anzeigenverkauf. Platzieren Sie Anzeigen strategisch in Ihrem Inhalt oder in der Seitenleiste, um die Sichtbarkeit und Klickraten zu maximieren.

3. Gesponserte Beiträge und Rezensionen

Arbeiten Sie mit Marken und Unternehmen zusammen, um gesponserte Inhalte oder Produktrezensionen auf Ihrem Blog zu veröffentlichen. Erheben Sie Gebühren basierend auf dem Traffic Ihres Blogs, der Zielgruppeninteraktion und dem Umfang der gesponserten Kampagne.

4. Verkauf digitaler Produkte

Erstellen und verkaufen Sie digitale Produkte wie E-Books, Online-Kurse, Vorlagen oder Drucksachen direkt an Ihr Publikum. Nutzen Sie

Ihren Blog, um diese Produkte zu bewerben und zu verkaufen und nutzen Sie dabei Ihre Autorität und Glaubwürdigkeit in Ihrer Nische.

5. Mitgliedschaftsseiten und Abonnements

Bieten Sie Premium-Inhalte, exklusive Ressourcen oder Mitgliederzugang zu einer privaten Community über abonnementbasierte Modelle an. Verlangen Sie von den Mitgliedern eine wiederkehrende Gebühr für den Zugriff auf spezielle Inhalte oder Dienste auf Ihrem Blog.

Tipps zur Inhaltserstellung für erfolgreiches Bloggen

1. Entwickeln Sie einen Inhaltskalender

Planen Sie Ihre Blogbeiträge im Voraus mithilfe eines Inhaltskalenders. Planen Sie Beiträge basierend auf saisonalen Trends, Branchenereignissen oder Keyword-Gelegenheiten, um Konsistenz zu wahren und regelmäßige Leser zu gewinnen.

2. Schreiben Sie überzeugende Überschriften

Formulieren Sie aufmerksamkeitsstarke Überschriften, die Mehrwert versprechen, Neugier wecken oder auf bestimmte Leserbedürfnisse eingehen. Verwenden Sie Power-Wörter, Zahlen und emotionale Auslöser, um Klickraten und Engagement zu erhöhen.

3. Verwenden Sie visuelle Inhalte

Integrieren Sie hochwertige Bilder, Infografiken, Videos und andere visuelle Inhalte, um Ihre Blogbeiträge aufzuwerten und die Leser visuell einzubeziehen. Visuelle Inhalte können die Erinnerung und Teilbarkeit Ihrer Blogbeiträge erhöhen.

4. Ermutigen Sie die Leser zur Interaktion

Fordern Sie Leser auf, Ihre Blogbeiträge zu kommentieren, Feedback zu geben und in sozialen Netzwerken zu teilen. Antworten Sie umgehend auf Kommentare, fördern Sie Diskussionen und bauen Sie eine Community rund um die Inhalte Ihres Blogs auf.

5. Evergreen-Inhalte aktualisieren und auffrischen

Aktualisieren und erneuern Sie Evergreen-Inhalte regelmäßig, damit sie für Ihr Publikum relevant, genau und wertvoll bleiben. Aktualisieren Sie Statistiken, fügen Sie neue Erkenntnisse hinzu und optimieren Sie für aktuelle SEO-Trends, um die Sichtbarkeit in den Suchergebnissen aufrechtzuerhalten.

SEO-Best Practices für Blogger

1. Keyword-Recherche

Identifizieren Sie relevante Schlüsselwörter und Suchbegriffe mit Tools wie Google Keyword Planner, SEMrush oder Ahrefs. Zielen Sie auf Schlüsselwörter mit mäßigem Suchvolumen und geringer Konkurrenz, um das Rankingpotenzial Ihres Blogs zu verbessern.

2. On-Page-SEO

Optimieren Sie Ihre Blogbeiträge für SEO, indem Sie Zielschlüsselwörter in Titel-Tags, Meta-Beschreibungen, Überschriften und im gesamten Inhalt einfügen. Verwenden Sie beschreibende URLs, Alternativtexte für Bilder und interne Links, um die Navigation und das Benutzererlebnis zu verbessern.

3. Off-Page-SEO

Erstellen Sie hochwertige Backlinks von seriösen Websites und Blogs in Ihrer Nische, um die Autorität und das Domain-Ranking Ihres Blogs zu verbessern. Beteiligen Sie sich an Gastbeiträgen, Influencer-Kooperationen und Social-Media-Werbung, um eingehende Links anzuziehen.

4. Mobile Optimierung

Stellen Sie sicher, dass Ihr Blog für Mobilgeräte optimiert ist und reagiert, um ein nahtloses Benutzererlebnis auf Smartphones und Tablets zu bieten. Optimieren Sie die Seitenladezeiten, minimieren Sie Popups und verwenden Sie für Mobilgeräte optimierte Schriftarten und Layouts.

5. Leistung analysieren und überwachen

Verwenden Sie Analysetools wie Google Analytics, um die Leistungskennzahlen Ihres Blogs zu verfolgen und zu analysieren, einschließlich Verkehrsquellen, Benutzerverhalten, Konversionsraten und SEO-Leistung. Nutzen Sie datengesteuerte Erkenntnisse, um Ihre Inhaltsstrategie zu optimieren und die Gesamtleistung Ihres Blogs zu verbessern.

Bloggen als Einkommensquelle bietet einen lohnenden Weg zur finanziellen Freiheit durch passive Einkommensströme. Indem Sie wertvolle Inhalte erstellen, effektive Monetarisierungsstrategien implementieren, SEO optimieren und mit Ihrem Publikum interagieren, können Sie ein erfolgreiches Blog aufbauen, das im Laufe der Zeit nachhaltiges Einkommen generiert.

In den nächsten Kapiteln werden wir weitere passive Einkommensquellen erkunden, wie etwa die Monetarisierung von YouTube, die Einrichtung von Mitgliederseiten und die Investition in Dividendenaktien. Jedes Kapitel bietet umsetzbare Erkenntnisse, Strategien und Beispiele aus der Praxis, die Ihnen dabei helfen, Ihre Einkommensquellen zu diversifizieren und durch passives Einkommen finanzielle Unabhängigkeit zu erreichen.

Kapitel 8: Erstellen eines YouTube-Kanals

YouTube hat sich zu einer leistungsstarken Plattform für Content-Ersteller entwickelt, mit der sie ein globales Publikum erreichen, eine Community aufbauen und durch verschiedene Monetarisierungsmethoden passives Einkommen erzielen können. In diesem Kapitel werden die wesentlichen Schritte zum Starten und Erweitern eines erfolgreichen YouTube-Kanals, Strategien zur Monetarisierung, Tipps zur Inhaltserstellung, Taktiken zur Einbindung des Publikums sowie Fallstudien von YouTubern untersucht, die durch ihre Kanäle finanzielle Freiheit erreicht haben.

Einführung zum Erstellen eines YouTube-Kanals

Beim Erstellen eines YouTube-Kanals geht es darum, Videoinhalte auf YouTube zu produzieren und zu veröffentlichen, mit dem Ziel, Zuschauer und Abonnenten anzuziehen und durch Werbeeinnahmen, gesponserte Inhalte, Merchandise-Verkäufe, Mitgliedschaften und mehr Geld zu verdienen. YouTube bietet

Content-Erstellern vielfältige Möglichkeiten, passives Einkommen zu erzielen und eine nachhaltige Online-Präsenz aufzubauen.

Warum YouTube für passives Einkommen wählen?

1. **Globale Reichweite**: YouTube hat über 2 Milliarden angemeldete Benutzer pro Monat und bietet Entwicklern Zugriff auf ein riesiges globales Publikum, das an unterschiedlichen Inhaltskategorien interessiert ist.

2. **Monetarisierungsoptionen**: Ersteller können ihre Kanäle während Live-Streams über Google AdSense, Markensponsoring, Merchandise-Verkäufe, Kanalmitgliedschaften und Super-Chat-Spenden monetarisieren.

3. **Inhaltsvielfalt**: YouTube unterstützt verschiedene Inhaltsformate, darunter Tutorials, Vlogs, Rezensionen, Bildungsinhalte, Unterhaltung und Live-Streams, um den

unterschiedlichen Vorlieben des Publikums gerecht zu werden.

4. **Community-Aufbau**: Ersteller können einen treuen Abonnentenstamm aufbauen, durch Kommentare und Live-Interaktionen mit den Zuschauern in Kontakt treten und ein Gemeinschaftsgefühl rund um ihren Kanal fördern.

Erste Schritte mit Ihrem YouTube-Kanal

1. Definieren Sie Ihre Kanalnische und Ihr Publikum

Identifizieren Sie eine Nische oder einen Themenbereich, der Ihren Interessen, Ihrem Fachwissen und den Anforderungen Ihres Publikums entspricht. Recherchieren Sie Trendthemen, die Beliebtheit von Schlüsselwörtern und führen Sie eine Konkurrenzanalyse durch, um Ihren Kanal von der Masse abzuheben und ein Zielpublikum anzusprechen.

2. Richten Sie Ihren YouTube-Kanal ein

Erstellen Sie ein Google-Konto, falls Sie noch keins haben, und richten Sie Ihren YouTube-Kanal ein. Passen Sie Ihr Kanal-Branding mit einem Profilbild, einem Coverbild und einer Kanalbeschreibung an, die Ihre Inhaltsnische und Persönlichkeit widerspiegelt.

3. Planen Sie Ihre Content-Strategie

Entwickeln Sie eine Content-Strategie basierend auf Ihrer Nische, den Interessen Ihres Publikums und den Content-Formaten. Planen Sie Videothemen, -titel und -formate (z. B. Tutorials, Rezensionen, Interviews, Vlogs), um Mehrwert zu bieten und die Zuschauer dauerhaft zu fesseln.

4. Statten Sie sich mit den richtigen Werkzeugen aus

Investieren Sie in grundlegende Ausrüstung wie eine hochwertige Kamera, ein Mikrofon, Beleuchtungssetup und Videobearbeitungssoftware, um professionell aussehende Videos zu produzieren. Erwägen Sie zusätzliche Tools für Live-Streaming, Grafikerstellung und Analyseverfolgung.

5. Erstellen Sie überzeugende Videoinhalte

Produzieren Sie hochwertige Videos, die Ihr Publikum fesseln und einen Mehrwert bieten. Konzentrieren Sie sich auf Storytelling, visuelle Attraktivität und klaren Ton, um die Zuschauerbindung und -bindung zu verbessern. Experimentieren Sie mit Videolänge und -formaten, um herauszufinden, was bei Ihrem Publikum am besten ankommt.

Monetarisierungsstrategien für YouTube-Kanäle

1. Google AdSense-Monetarisierung

Aktivieren Sie die Monetarisierung auf Ihrem YouTube-Kanal und nehmen Sie am YouTube-Partnerprogramm (YPP) teil, um Anzeigen in Ihren Videos anzuzeigen. Erzielen Sie Einnahmen basierend auf Anzeigenimpressionen, Klicks und Zuschauerinteraktion mit Anzeigen, die über Google AdSense geschaltet werden.

2. Affiliate-Marketing auf YouTube

Bewerben Sie Partnerprodukte oder -dienstleistungen in Ihren Videos, indem Sie Partnerlinks in Videobeschreibungen oder in speziellen Testvideos einfügen. Verdienen Sie Provisionen für Käufe von Zuschauern, die auf Ihre Partnerlinks klicken.

3. Markenpartnerschaften und Sponsoring

Arbeiten Sie mit Marken und Werbetreibenden zusammen, um gesponserte Inhalte oder Produktplatzierungen in Ihren Videos zu erstellen. Verhandeln Sie Gebühren basierend auf der Reichweite Ihres Kanals, den Engagement-Kennzahlen und dem Umfang der gesponserten Kampagne.

4. Verkauf von Merchandise und digitalen Produkten

Starten Sie mit der Funktion „Merchandise Shelf" einen Merchandise-Shop auf YouTube oder integrieren Sie ihn in Plattformen von Drittanbietern wie Teespring oder Spreadshop. Verkaufen Sie Markenartikel, digitale Produkte oder exklusive Inhalte an Ihr Publikum.

5. Kanalmitgliedschaften und Super-Chat-Spenden

Bieten Sie Kanalmitgliedschaften mit exklusiven Vorteilen wie Abzeichen, Emojis und Inhalten nur für Mitglieder gegen eine monatliche Abonnementgebühr an. Interagieren Sie während Live-Streams über Super Chat mit Ihrem Publikum und ermöglichen Sie den

Zuschauern, Geld zu spenden und ihre Nachrichten hervorzuheben.

Tipps zur Inhaltserstellung für den Erfolg auf YouTube

1. Optimieren Sie Ihre Videotitel und Miniaturansichten

Gestalten Sie aufmerksamkeitsstarke Videotitel und ansprechende Miniaturansichten, die die Zuschauer zum Anklicken Ihrer Videos anregen. Verwenden Sie relevante Schlüsselwörter, ansprechende Bilder und kontrastierende Farben, um in Suchergebnissen und vorgeschlagenen Videos hervorzustechen.

2. Fesseln Sie die Zuschauer mit fesselnden Intros

Fesseln Sie die Aufmerksamkeit der Zuschauer in den ersten Sekunden Ihres Videos mit einem überzeugenden Aufhänger oder Teaser. Machen Sie deutlich, was Ihr Video bietet und warum die

Zuschauer weiterschauen sollten, um die Absprungrate der Zuschauer zu senken.

3. Verbessern Sie die Qualität der Videoproduktion

Achten Sie auf die Video- und Audioqualität, um die Aufmerksamkeit des Zuschauers zu erhalten und seine Professionalität zu wahren. Verwenden Sie Bearbeitungstechniken, um die visuelle Darstellung zu verbessern, Grafiken oder Textüberlagerungen einzubinden und die Audioqualität für ein angenehmes Seherlebnis zu optimieren.

4. Ermutigen Sie die Zuschauer zur Interaktion und zum Feedback

Ermutigen Sie die Zuschauer, Ihre Videos zu liken, zu kommentieren und zu teilen, um die Engagement-Kennzahlen zu erhöhen und die Sichtbarkeit des Videos zu steigern. Reagieren Sie auf Zuschauerkommentare, stellen Sie Fragen und beziehen Sie das Feedback der

Zuschauer in zukünftige Videoideen ein, um das Engagement der Community zu fördern.

5. Konsistenz und Häufigkeit

Legen Sie einen konsistenten Upload-Zeitplan fest, um Ihr Publikum zu fesseln und neue Abonnenten zu gewinnen. Bringen Sie Videoqualität und Frequenz in Einklang, um die Relevanz der Inhalte und die Vorfreude der Zuschauer auf Ihre nächste Videoveröffentlichung aufrechtzuerhalten.

Strategien für Publikumswachstum und -einbindung

1. Bewerben Sie Ihre Videos plattformübergreifend

Teilen Sie Ihre YouTube-Videos auf Social-Media-Plattformen, Blogs, Foren und in E-Mail-Newslettern, um Ihre Reichweite zu vergrößern und den Verkehr auf Ihrem Kanal zu erhöhen. Verwenden Sie relevante Hashtags und interagieren Sie mit Communities, die an Ihrer Inhaltsnische interessiert sind.

2. Arbeiten Sie mit anderen Entwicklern zusammen

Arbeiten Sie mit anderen YouTubern, Influencern oder Branchenexperten zusammen, um die Kanäle der anderen zu bewerben und neue Zielgruppen zu erreichen. Beteiligen Sie sich an Kooperationen, gemeinsamen Projekten oder Gastauftritten, um die Sichtbarkeit und Abonnentenbasis Ihres Kanals zu erweitern.

3. Analysieren Sie Leistungsmetriken

Verwenden Sie YouTube Analytics, um wichtige Leistungskennzahlen wie Wiedergabedauer, Zuschauerbindung, Klickraten und Abonnentenwachstum zu verfolgen. Identifizieren Sie Trends, verstehen Sie das Zuschauerverhalten und optimieren Sie Ihre Content-Strategie auf der Grundlage datengesteuerter Erkenntnisse.

4. Engagieren Sie sich in Ihrer Community

Interagieren Sie mit Ihrem Publikum durch Live-Streams, Community-Beiträge, Q&A-Sitzungen und Umfragen, um Vertrauen aufzubauen und Beziehungen zu stärken. Fördern Sie die Teilnahme der Zuschauer, gehen Sie auf ihre Fragen ein und erstellen Sie personalisierte Inhalte basierend auf den Vorlieben des Publikums.

Die Erstellung eines erfolgreichen YouTube-Kanals bietet einen Weg zur finanziellen Freiheit durch passive Einkommensströme, Publikumsbindung und Inhaltsmonetarisierung. Indem Sie eine Inhaltsstrategie entwickeln, SEO optimieren, mit Ihrem Publikum interagieren und Monetarisierungsmethoden diversifizieren, können Sie als YouTube-Inhaltsersteller eine nachhaltige Einnahmequelle aufbauen.

In den folgenden Kapiteln werden wir zusätzliche passive Einkommensströme erkunden, etwa die Erstellung von Mitgliederseiten, die Investition in Dividendenaktien und die Einführung digitaler Produkte.

Kapitel 9: Lizenzierung Ihrer Fotografie

Die Lizenzierung Ihrer Fotografie ist eine lukrative Möglichkeit, passives Einkommen zu erzielen, indem Sie die Nutzungsrechte an Ihren Bildern an Unternehmen, Verlage, Werbetreibende und Privatpersonen verkaufen. In diesem Kapitel werden die Grundlagen der Lizenzierung von Fotografien, Strategien zur Gewinnmaximierung, Plattformen zum Verkauf Ihrer Fotos, rechtliche Aspekte und Fallstudien von Fotografen behandelt, die durch die Lizenzierung ihrer Arbeiten erfolgreiche passive Einkommensströme aufgebaut haben.

Einführung in die Lizenzierung Ihrer Fotografie

Bei der Lizenzierung von Fotografien erteilen Sie anderen die Erlaubnis, Ihre Bilder gegen eine Gebühr oder Lizenzgebühren zu verwenden. Als Fotograf behalten Sie das Urheberrecht an Ihren Fotos, gestatten Ihren Kunden jedoch, diese für bestimmte Zwecke zu verwenden, z. B. für kommerzielle Werbung, redaktionelle Inhalte, Websites oder den persönlichen Gebrauch. Die Lizenzierung bietet eine skalierbare Einkommensmöglichkeit, mit der Sie mit Ihrem vorhandenen Bildportfolio passives Einkommen erzielen können.

Warum sollten Sie Ihre Fotografie lizenzieren?

1. **Potenzial für passives Einkommen**: Verdienen Sie Lizenzgebühren oder einmalige Gebühren bei jeder Verwendung Ihres lizenzierten Fotos und sorgen Sie so für laufende Einnahmen ohne kontinuierlichen Aufwand.

2. **Kreative Freiheit**: Behalten Sie die Kontrolle über Ihre künstlerische Arbeit und erreichen Sie durch Lizenzvereinbarungen gleichzeitig ein breiteres Publikum.

3. **Vielfältige Marktnachfrage**: Gehen Sie auf verschiedene Branchen und Kunden ein, die qualitativ hochwertige Bilder für den kommerziellen, redaktionellen oder persönlichen Gebrauch suchen.

4. **Globale Reichweite**: Erweitern Sie Ihr Fotogeschäft international, indem Sie Ihre Fotos über Online-Plattformen und Marktplätze lizenzieren.

Erste Schritte mit der Lizenzierung Ihrer Fotografie

1. Bauen Sie ein hochwertiges Portfolio auf

Erstellen Sie ein Portfolio mit hochauflösenden, professionell bearbeiteten Bildern, die Ihre fotografischen Fähigkeiten und Ihren künstlerischen Stil zur Geltung bringen. Organisieren Sie Ihr Portfolio in thematische Sammlungen oder Kategorien, um unterschiedliche Kundenpräferenzen und Branchenanforderungen anzusprechen.

2. Verstehen Sie Urheber- und Lizenzrechte

Machen Sie sich mit Urheberrechten, Lizenzvereinbarungen und geistigen Eigentumsrechten im Zusammenhang mit

Fotografie vertraut. Definieren Sie Nutzungsrechte, Exklusivitätsbedingungen und Lizenzgebühren klar und deutlich auf der Grundlage von Branchenstandards und Kundenanforderungen.

3. Wählen Sie Ihre Lizenzmodelle

Entdecken Sie verschiedene Lizenzmodelle wie lizenzfreie, lizenzpflichtige oder exklusive Lizenzvereinbarungen basierend auf Ihren Geschäftszielen und Kundenanforderungen. Bestimmen Sie Preisstrukturen, Nutzungsbeschränkungen und Verlängerungsbedingungen für jedes Lizenzmodell.

4. Zielmärkte und Kunden identifizieren

Recherchieren Sie potenzielle Märkte und Kunden, die an der Lizenzierung von Fotografien interessiert sind, darunter Werbeagenturen, Verlage, Unternehmen, Grafikdesigner und Online-Content-Ersteller.

Passen Sie Ihre Marketingbemühungen und Portfoliopräsentationen an, um bestimmte Branchen anzusprechen.

5. Nutzen Sie Online-Plattformen und Marktplätze

Arbeiten Sie mit Online-Plattformen und Marktplätzen zusammen, die auf Stockfotografie und Bildlizenzen spezialisiert sind. Laden Sie Ihre Fotos auf renommierte Websites wie Shutterstock, Adobe Stock, Getty Images und Alamy hoch, um ein weltweites Publikum potenzieller Käufer zu erreichen.

Strategien zur Gewinnmaximierung

1. Schlüsselwörter und Metadaten optimieren

Verbessern Sie die Auffindbarkeit Ihrer Fotos, indem Sie Schlüsselwörter, Titel und Beschreibungen mit relevanten Suchbegriffen und Tags optimieren. Verwenden Sie beschreibende Metadaten, um Ihre Bilder zu kategorisieren und die Sichtbarkeit in Suchergebnissen auf Lizenzierungsplattformen zu verbessern.

2. Bieten Sie verschiedene Bildlizenzen an

Bieten Sie flexible Lizenzierungsoptionen, um den unterschiedlichen Kundenanforderungen gerecht zu werden, darunter kommerzielle Nutzung, redaktionelle Veröffentlichungen, Webnutzung, Druckmaterialien und Exklusivrechte. Passen Sie Lizenzvereinbarungen basierend auf Nutzungsdauer, geografischer Verteilung und Auflagenhöhe an.

3. Erstellen Sie exklusive Inhalte und Sammlungen

Entwickeln Sie exklusive Fotosammlungen oder Themenportfolios, die auf bestimmte Branchentrends, saisonale Ereignisse oder Nischenmärkte zugeschnitten sind. Positionieren Sie Ihre exklusiven Inhalte als Premium-

Angebote, um Kunden anzusprechen, die nach einzigartigen und qualitativ hochwertigen Bildern für ihre Projekte suchen.

4. Nehmen Sie an Fotowettbewerben und Ausstellungen teil

Präsentieren Sie Ihr fotografisches Können und gewinnen Sie Anerkennung, indem Sie an Fotowettbewerben, Ausstellungen und Branchenpreisen teilnehmen. Auszeichnungen können Ihre Glaubwürdigkeit steigern, potenzielle Kunden anziehen und die Nachfrage nach Lizenzen für Ihre preisgekrönten Bilder erhöhen.

5. Bauen Sie langfristige Kundenbeziehungen auf

Bauen Sie Beziehungen zu Stammkunden, Agenturen und Herausgebern auf, indem Sie außergewöhnlichen Kundenservice, durchgängig hochwertige Bilder und schnelle Antworten auf Anfragen oder Lizenzierungsanfragen bieten.

Fördern Sie die Kundentreue durch personalisierte Kommunikation und maßgeschneiderte Lizenzierungslösungen.

Rechtliche Überlegungen zur Lizenzierung Ihrer Fotografie

1. Urheberschutz

Informieren Sie sich über Ihre Rechte als Urheberrechtsinhaber Ihrer Fotos und darüber, wie wichtig es ist, Ihre Arbeit zum rechtlichen Schutz bei den Urheberrechtsämtern zu registrieren. Legen Sie Nutzungsrechte, Vervielfältigungsrechte und die Zuordnung des Urheberrechts in Lizenzvereinbarungen klar fest.

2. Lizenzvereinbarungen

Erstellen Sie umfassende Lizenzvereinbarungen, in denen Nutzungsbedingungen, zulässige Verwendungen, Exklusivitätsklauseln, Vergütungsmodalitäten und Kündigungsbedingungen aufgeführt sind.

Konsultieren Sie Rechtsexperten, die auf geistiges Eigentumsrecht spezialisiert sind, um sicherzustellen, dass die Verträge den örtlichen Vorschriften entsprechen und Ihre Interessen geschützt sind.

3. Model- und Property-Releases

Besorgen Sie sich unterschriebene Model- und Eigentumsfreigaben für identifizierbare Personen oder Privateigentum, das auf Ihren Fotos abgebildet ist. Stellen Sie sicher, dass die Freigaben die Erlaubnis zur kommerziellen Nutzung und Verbreitung der Bilder erteilen, um rechtliche Risiken im Zusammenhang mit Datenschutz und Persönlichkeitsrechten zu minimieren.

4. Lizenzdurchsetzung und -überwachung

Überwachen Sie die Verwendung lizenzierter Bilder online und setzen Sie Ansprüche wegen Urheberrechtsverletzungen durch, wenn Ihre Fotos unbefugt oder missbraucht werden.

Nutzen Sie digitale Wasserzeichen, Tools zur umgekehrten Bildsuche und Dienste zur Urheberrechtsverwaltung, um Ihre Rechte am geistigen Eigentum zu schützen.

5. Bleiben Sie über rechtliche Änderungen informiert

Bleiben Sie über Änderungen in Urheberrechtsgesetzen, Lizenzbestimmungen und Branchenstandards auf dem Laufenden, die sich auf Fotorechte und geistiges Eigentum auswirken. Treten Sie professionellen Fotoverbänden bei, besuchen Sie juristische Seminare und lassen Sie sich von Rechtsberatern beraten, um komplexe rechtliche Fragen im Zusammenhang mit der Lizenzierung Ihrer Fotografie zu bewältigen.

Die Lizenzierung Ihrer Fotografie bietet einen gangbaren Weg zur Schaffung passiver Einkommensströme, indem Sie Ihre künstlerische Arbeit durch digitales

Rechtemanagement und Bildlizenzvereinbarungen monetarisieren. Indem Sie Online-Plattformen nutzen, Metadaten optimieren, verschiedene Lizenzierungsoptionen anbieten und Ihr Urheberrecht schützen, können Sie als professioneller Fotograf eine nachhaltige Einnahmequelle aufbauen.

Kapitel 10: In Anleihen investieren

Die Investition in Anleihen ist eine grundlegende Strategie zur Erzielung passiven Einkommens durch feste Zinszahlungen und potenzielle Kapitalgewinne. In diesem Kapitel werden die Grundlagen der Anleiheninvestition, Anleihenarten, Anleihenstrategien für passives Einkommen, Risiken und Erträge, Portfoliodiversifizierung und Fallstudien von Anlegern untersucht, die durch Anleiheninvestitionen erfolgreich Einkommensströme aufgebaut haben.

Einführung in die Investition in Anleihen

Anleihen sind Schuldverschreibungen, die von Regierungen, Kommunen, Unternehmen oder anderen Einrichtungen zur Kapitalbeschaffung ausgegeben werden. Wenn Sie in Anleihen investieren, leihen Sie dem Emittenten Geld im Austausch für regelmäßige Zinszahlungen (Kuponzahlungen) und die Rückzahlung des Kapitalbetrags (Nennwert) bei Fälligkeit. Anleiheninvestitionen bieten im Vergleich zu anderen Anlageformen stabile Erträge, Portfoliodiversifizierung und Vorteile beim Risikomanagement.

Warum sollte man Anleihen für passives Einkommen wählen?

1. **Stabile Einnahmequelle**: Anleihen bieten vorhersehbare Zinszahlungen in festen Abständen und somit ein verlässliches passives Einkommen für Anleger, die einen regelmäßigen Cashflow anstreben.

2. **Kapitalerhaltung**: Anleihen sind im Allgemeinen weniger volatil als Aktien und bieten eine Kapitalrückzahlung bei Fälligkeit, was einen gewissen Kapitalerhalt in Anlageportfolios gewährleistet.

3. **Diversifikationsvorteile**: Nehmen Sie Anleihen in Ihr Anlageportfolio auf, um die Risikobelastung zu diversifizieren und Schwankungen am Aktienmarkt auszugleichen.

4. **Risikomanagement**: Verschiedene Arten von Anleihen bergen ein unterschiedliches Kreditrisiko, Zinsrisiko und Liquiditätsrisiko, sodass Anleger ihre Anleiheninvestitionen an

ihre Risikobereitschaft und ihre finanziellen Ziele anpassen können.

Arten von Anleihen

1. Staatsanleihen

Definition: Von nationalen Regierungen zur Finanzierung öffentlicher Projekte und Operationen ausgegeben. Beispiele hierfür sind US-Staatsanleihen, britische Staatsanleihen, deutsche Bundesanleihen und japanische Staatsanleihen (JGBs).

Merkmale: Aufgrund staatlicher Unterstützung als risikoarm eingestuft, mit festen Zinszahlungen und Rückzahlung des Kapitals bei Fälligkeit. Staatsanleihen werden häufig als Benchmark für andere Anleiherenditen verwendet.

2. Unternehmensanleihen

Definition: Von Unternehmen ausgegeben, um Kapital für Geschäftstätigkeiten, Expansionen oder die Refinanzierung von Schulden zu beschaffen. Die Kreditqualität von Unternehmensanleihen variiert je nach finanzieller Gesundheit und Kreditwürdigkeit des Emittenten.

Merkmale: Bieten höhere Renditen als Staatsanleihen, um das Kreditrisiko auszugleichen. Kreditratings (z. B. AAA, AA, BBB) bewerten die Fähigkeit des Emittenten, seinen Zahlungsverpflichtungen nachzukommen, und beeinflussen die Anleihenpreise und die Anlegernachfrage.

3. **Kommunalanleihen**

Definition: Von staatlichen und lokalen Regierungen oder Behörden ausgegeben, um Infrastrukturprojekte, öffentliche Dienste und Gemeindeentwicklungen zu finanzieren. Kommunalanleihen bieten Anlegern Steuervorteile.

Merkmale: Von der Bundeseinkommensteuer befreit und kann von staatlichen und lokalen Steuern befreit sein, wenn sie im Wohnsitzstaat des Anlegers ausgegeben werden. Kommunalanleihen variieren in Kreditqualität und Rendite je nach Kreditwürdigkeit des Emittenten.

4. Hochzinsanleihen (Ramschanleihen)

Definition: Von Unternehmen mit niedrigerem Kreditrating (unter Investment Grade) oder Unternehmen aus Schwellenländern ausgegeben. Hochzinsanleihen bieten höhere Kupons, um das höhere Ausfallrisiko auszugleichen.

Merkmale: Aufgrund höherer Ausfallwahrscheinlichkeiten und Preisvolatilität als spekulative Anlage betrachtet. Anleger suchen nach höheren Renditen, sind jedoch im Vergleich zu Investment-Grade-Anleihen einem höheren Kredit- und Marktrisiko ausgesetzt.

5. Internationale Anleihen

Definition: Von ausländischen Regierungen, multinationalen Konzernen oder internationalen Organisationen ausgegeben. Internationale Anleihen bieten Diversifikationsvorteile und Zugang zu globalen Märkten.

Merkmale: Währungsrisiken (Wechselkursschwankungen) und geopolitische Faktoren können die Rendite beeinflussen. Anleger bewerten bei Investitionen in internationale Anleihen das Länderrisiko, die wirtschaftliche Stabilität und Währungstrends.

Anleihen-Anlagestrategien für passives Einkommen

1. **Einkommensinvestitionen**

Konzentrieren Sie sich auf Anleihen mit stabilen Cashflows und regelmäßigen Kuponzahlungen, um ein konstantes passives Einkommen zu erzielen. Bauen Sie eine Anleihenleiter mit gestaffelten Laufzeiten auf, um den Cashflow-Bedarf zu decken, und reinvestieren Sie den Erlös in neue Anleihen oder einkommensgenerierende Vermögenswerte.

2. **Total Return-Ansatz**

Kombinieren Sie Anleiheerträge mit potenziellen Kapitalgewinnen aus der Wertsteigerung von Anleihen. Verteilen Sie Ihre Investitionen auf verschiedene Anleihesektoren (Staat, Unternehmen, Kommunen), um das Gesamtrenditepotenzial zu steigern und das Risiko zu mindern.

3. **Renditekurvenstrategien**

Passen Sie Anleihen-Anlagestrategien an die Entwicklung der Renditekurve und die Zinserwartungen an. Setzen Sie Strategien wie Barbell-, Bullet- oder Ladder-Portfolios ein, um von Zinskurvenverschiebungen zu profitieren und die Ertragsgenerierung zu optimieren.

4. **Sektor- und Kreditqualitätsverteilung**

Diversifizieren Sie Ihre Anleihenbestände über verschiedene Sektoren (z. B. Finanzen, Versorgungsunternehmen, Industrie) und Kreditratings (z. B. Investment-Grade, Hochzins) hinweg, um die Risikobelastung zu steuern und die Widerstandsfähigkeit des Portfolios gegenüber Konjunkturzyklen und Marktschwankungen zu erhöhen.

5. **Risikomanagement und Absicherung**

Nutzen Sie Anleihederivate (z. B. Zinsswaps, Optionen) und Absicherungsstrategien, um Zinsrisiken, Kreditrisiken und Inflationsrisiken in Anleiheportfolios zu mindern. Überwachen Sie Kreditspreads, Anleiheratings und makroökonomische Indikatoren, um die Portfolioallokation entsprechend anzupassen.

Risiken und Vorteile von Anleiheninvestitionen

1. **Zinsrisiko**

Anleihekurse und Renditen stehen in einem umgekehrten Verhältnis zueinander. Steigende Zinssätze können zu niedrigeren Anleihekursen und potenziellen Kapitalverlusten für Anleihegläubiger führen. Die Duration misst die Sensibilität gegenüber Zinsänderungen und beeinflusst die Volatilität der Anleihekurse.

2. **Kreditrisiko**

Bewerten Sie die Kreditwürdigkeit des Emittenten und die Anleiheratings, um das Ausfallrisiko einzuschätzen. Investment-Grade-Anleihen bieten geringere Renditen, aber eine höhere Kreditqualität, während Hochzinsanleihen höhere Renditen bei höherem Ausfallrisiko bieten.

3. **Liquiditätsrisiko**

Berücksichtigen Sie die Liquidität und das Handelsvolumen des Anleihemarktes, wenn Sie in Unternehmensanleihen, Kommunalanleihen oder Schwellenländeranleihen investieren. Illiquide Anleihen können größere Geld-Brief-Spannen und eine eingeschränkte Marktfähigkeit aufweisen, was sich auf die Portfolioliquidität auswirkt.

4. **Inflationsrisiko**

Beobachten Sie Inflationstrends und Kaufkraftverlust, um Anleiherenditen vor Inflationsdruck zu schützen. Investieren Sie in Treasury Inflation-Protected Securities (TIPS) oder inflationsindexierte Anleihen, um sich vor Inflation zu schützen.

5. **Kauf- und Vorauszahlungsrisiko**

Bewerten Sie kündbare Anleihen oder hypothekenbesicherte Wertpapiere (MBS) hinsichtlich des Kündigungsrisikos und der vorzeitigen Kapitalrückzahlung. Kündbare Anleihen können von den Emittenten vor Fälligkeit zurückgezahlt werden, was möglicherweise das zukünftige Einkommen der Anleihegläubiger einschränkt.

Aufbau eines Anleihen-Anlageportfolios

1. **Strategie zur Vermögensallokation**

Ordnen Sie einen Teil Ihres Anlageportfolios Anleihen zu, basierend auf Ihrer Risikobereitschaft, Ihrem Anlagehorizont und Ihren Ertragszielen. Gleichen Sie Anleihenbestände mit Aktienanlagen, Zahlungsmitteläquivalenten und alternativen Vermögenswerten aus, um eine diversifizierte Vermögensallokation zu erreichen.

2. **Portfolio-Neugewichtung und -Überwachung**

Überprüfen Sie regelmäßig die Performance des Anleihenportfolios, die Ziele für die

Vermögensallokation und die Marktbedingungen. Balancieren Sie Ihre Portfoliobestände neu aus, indem Sie überdurchschnittlich performende Vermögenswerte verkaufen und in unterdurchschnittlich performende Sektoren reinvestieren, um die Portfoliodiversifizierung und risikoadjustierten Renditen aufrechtzuerhalten.

3. **Steuerliche Aspekte**

Bewerten Sie die steuerlichen Auswirkungen von Anleiheinvestitionen, einschließlich steuerpflichtiger Zinserträge, Kapitalertragssteuern und steuerfreier Anleiheoptionen. Konsultieren Sie Steuerberater oder Finanzplaner, um steuereffiziente Strategien zu optimieren und die Nachsteuerrendite von Anleiheinvestitionen zu maximieren.

4. **Langfristige Investitionsplanung**

Integrieren Sie Anleiheninvestitionen in langfristige Finanzplanungsziele, einschließlich Altersvorsorge, Bildungsfinanzierung und Strategien zur Vermögenssicherung. Erwägen Sie Anleihenleitern, Anleihenfonds oder börsengehandelte Fonds (ETFs) für ein diversifiziertes Engagement und die Generierung passiver Erträge im Laufe der Zeit.

Die Investition in Anleihen bietet Anlegern einen zuverlässigen Weg zur passiven Einkommensgenerierung, Portfoliodiversifizierung und Risikomanagement in Anlageportfolios. Durch das Verständnis der Anleihengrundlagen, die Umsetzung strategischer Anlagestrategien und die Überwachung der Marktbedingungen können Anleger nachhaltige Einkommensströme aufbauen und im Laufe der Zeit finanzielle Freiheit erreichen.

In den nächsten Kapiteln werden wir weitere passive Einkommensquellen erkunden, wie z. B.

die Einrichtung von Mitgliederseiten, die Investition in Dividendenaktien und die Einführung digitaler Produkte. Jedes Kapitel bietet umsetzbare Erkenntnisse, Strategien und Beispiele aus der Praxis, die Ihnen dabei helfen, Ihre Einkommensquellen zu diversifizieren und durch passives Einkommen finanzielle Unabhängigkeit zu erreichen.

Kapitel 11: Erstellen einer App oder Software

Die Entwicklung einer App oder eines Softwareprodukts kann ein äußerst lukratives Unterfangen sein, um passive

Einkommensströme zu generieren. In diesem Kapitel werden die Schritte zur Erstellung und Einführung einer App oder Software, Monetarisierungsstrategien, Marketingtaktiken, die Verwaltung der laufenden Wartung, Fallstudien erfolgreicher Softwareprodukte und Tipps zur Maximierung passiver Einkommen durch digitale Produkte erläutert.

Einführung in die Erstellung einer App oder Software

Im heutigen digitalen Zeitalter haben Apps und Softwarelösungen ganze Branchen verändert und bieten skalierbare Möglichkeiten für passives Einkommen durch Abonnements, In-App-Käufe, Werbeeinnahmen und Lizenzvereinbarungen. Egal, ob Sie Entwickler, Unternehmer oder Geschäftsinhaber sind: Die Erstellung einer erfolgreichen App oder eines erfolgreichen Softwareprodukts erfordert sorgfältige Planung, Ausführung und kontinuierliche Optimierung, um die Marktnachfrage zu erfassen und passive Einkommensströme aufrechtzuerhalten.

Warum eine App oder Software für passives Einkommen entwickeln?

1. **Skalierbares Umsatzpotenzial**: Erreichen Sie ein globales Publikum und monetarisieren Sie digitale Produkte durch Abonnementmodelle, einmalige Käufe oder Freemium-Angebote.

2. **Geringe Gemeinkosten**: Im Vergleich zu herkömmlichen Unternehmen können bei der App- und Softwareentwicklung geringere Vorlaufkosten und Skalierbarkeitsvorteile auftreten.

3. **Vielfältige Monetarisierungsstrategien**: Generieren Sie passives Einkommen durch In-App-Werbung, Abonnementdienste, Affiliate-Marketing-Integrationen und Premiumfunktionen.

4. **Kontinuierliche Innovation**: Bleiben Sie wettbewerbsfähig, indem Sie App-Updates

kontinuierlich durchführen, neue Funktionen einführen und auf Benutzerfeedback reagieren, um die Benutzereinbindung und -bindung zu verbessern.

Schritte zum Erstellen einer App oder Software

1. **Marktforschung und Ideenvalidierung**

Identifizieren Sie einen Nischenmarkt oder ein Problem, das Ihre App oder Ihr Softwareprodukt ansprechen wird. Führen Sie Marktforschung, Wettbewerbsanalysen und Benutzerumfragen durch, um die Nachfrage zu ermitteln und Ihr Produktkonzept zu verfeinern. Definieren Sie Ihre Zielgruppe, Benutzerpersönlichkeiten und Alleinstellungsmerkmale (USPs), um Ihre App auf dem Markt von der Konkurrenz abzuheben.

2. **Planung und Prototyping**

Erstellen Sie einen detaillierten Projektplan, in dem die App-Funktionen,

Funktionsanforderungen, Entwicklungsmeilensteine und der Zeitplan für die Markteinführung beschrieben werden. Entwickeln Sie Wireframes, Mockups oder interaktive Prototypen, um Designelemente der Benutzeroberfläche (UI) und des Benutzererlebnisses (UX) zu visualisieren. Arbeiten Sie mit Entwicklern, Designern und Stakeholdern zusammen, um Projektziele und technische Spezifikationen aufeinander abzustimmen.

3. **Entwicklung und Tests**

Wählen Sie basierend auf den Anforderungen Ihrer App (z. B. nativ, hybrid, webbasiert) ein geeignetes Entwicklungsframework, eine geeignete Programmiersprache und einen geeigneten Technologie-Stack aus. Implementieren Sie agile Entwicklungsmethoden, um App-Funktionen iterativ zu erstellen, zu testen und zu verfeinern. Führen Sie Alpha- und Beta-Testphasen durch, um Benutzerfeedback zu sammeln, Fehler zu identifizieren und die Stabilität und Leistung der App auf mehreren Geräten und Plattformen sicherzustellen.

4. **Monetarisierungsstrategie**

Bewerten Sie Monetarisierungsoptionen wie:

- **Freemium-Modell**: Bieten Sie grundlegende Funktionen kostenlos an und berechnen Sie Gebühren für Premium-Upgrades oder zusätzliche Inhalte.
- **Abonnementmodell**: Sorgen Sie für wiederkehrende Einnahmen durch Abonnementpläne mit gestaffelten Preisen und exklusiven Vorteilen.
- **In-App-Käufe**: Verkaufen Sie virtuelle Güter, digitale Inhalte oder Premiumfunktionen innerhalb der App, um das Benutzererlebnis zu verbessern.
- **Werbeeinnahmen**: Integrieren Sie Anzeigen von Drittanbietern, Sponsoring oder native Werbung, um den App-Verkehr und das Benutzerengagement zu monetarisieren.

- **Lizenzierung und Partnerschaften**: Erkunden Sie Lizenzierungsmöglichkeiten, um Ihre Software als White-Label-Produkt zu verkaufen oder mit Marken für Co-Branding-Lösungen zusammenzuarbeiten.

5. **Einführung und Marketing**

Entwickeln Sie eine umfassende Marketingstrategie, um für Ihre App oder Ihr Softwareprodukt zu werben, die Sichtbarkeit zu erhöhen und Benutzer zu gewinnen:

- **App Store-Optimierung (ASO)**: Optimieren Sie App-Titel, Beschreibungen, Schlüsselwörter und visuelle Elemente, um die Auffindbarkeit und das Ranking in App Stores (z. B. Apple App Store, Google Play Store) zu verbessern.
- **Digitale Marketingkampagnen**: Nutzen Sie Social-Media-Marketing, Content-Marketing, E-Mail-Kampagnen und Influencer-Partnerschaften, um Zielbenutzer anzuziehen und App-Downloads zu fördern.

- **Presse- und Medienarbeit**: Sorgen Sie durch Pressemitteilungen, App-Bewertungen, Gastbeiträge und Medienberichterstattung für Aufsehen, um ein breiteres Publikum zu erreichen und Glaubwürdigkeit aufzubauen.
- **Strategien zur Benutzergewinnung**: Implementieren Sie bezahlte Akquisitionskampagnen (z. B. PPC-Anzeigen, App-Installationskampagnen) und organische Wachstumstaktiken (z. B. Empfehlungsprogramme, App-Empfehlungen), um Benutzer zu gewinnen und zu binden.

6. **Analyse und Optimierung**

Überwachen Sie Leistungsmetriken der App, Daten zur Benutzerinteraktion und Umsatzanalysen mithilfe von App-Analysetools (z. B. Firebase, Google Analytics). Analysieren Sie Benutzerverhalten, Konversionsraten, Bindungsmetriken und Abwanderungsraten, um Möglichkeiten zur App-Optimierung, Funktionserweiterungen und Verbesserung der Benutzererfahrung zu identifizieren. Führen Sie

App-Updates, Fehlerbehebungen und Funktionsfreigaben basierend auf Benutzerfeedback und Markttrends kontinuierlich durch, um die Relevanz und Rentabilität der App aufrechtzuerhalten.

Verwalten laufender Wartung und Updates

1. **Technischer Support und Kundendienst**

Bieten Sie reaktionsschnellen Kundensupport, Helpdesk-Unterstützung und Fehlerbehebungsdienste an, um Benutzeranfragen, technische Probleme und Feedback umgehend zu beantworten. Richten Sie Kommunikationskanäle ein (z. B. FAQs, Chat-Support, E-Mail-Support), um positive Benutzererfahrungen aufrechtzuerhalten und die Kundenzufriedenheit zu steigern.

2. **Sicherheit und Datenschutz**

Implementieren Sie robuste Datenschutzmaßnahmen, Verschlüsselungsprotokolle und die Einhaltung von Datenschutzbestimmungen (z. B. DSGVO, CCPA), um Benutzerinformationen zu schützen und Cybersicherheitsrisiken zu mindern. Führen Sie regelmäßige Sicherheitsprüfungen, Schwachstellenbewertungen und Softwareupdates durch, um die App-Integrität und Benutzervertraulichkeit zu schützen.

3. **Funktionsaktualisierungen und Innovationen**

Bleiben Sie der Konkurrenz einen Schritt voraus, indem Sie neue Funktionen, Funktionserweiterungen und Software-Updates einführen, um den sich entwickelnden Benutzererwartungen und Branchentrends gerecht zu werden. Holen Sie Benutzerfeedback ein, führen Sie Usability-Tests durch und priorisieren Sie die Funktionsentwicklung basierend auf Benutzernachfrage und Markteinblicken.

Fallstudien erfolgreicher App- und Softwareprodukte

Fallstudie 1: Mobile Fitness-App

Produkt: Eine mobile Fitness-App mit personalisierten Trainingsroutinen, Ernährungs-Tracking und Tools zur Fortschrittsüberwachung.

Monetarisierungsstrategie: Freemium-Modell mit kostenlos verfügbaren Basisfunktionen und Premium-Abonnements für fortgeschrittene Workouts, Ernährungspläne und werbefreies Erlebnis.

Marketingstrategie: Nutzung von Social-Media-Marketing, Influencer-Partnerschaften und App-Store-Optimierung (ASO), um Fitnessbegeisterte und gesundheitsbewusste Benutzer anzusprechen. Implementierung von In-App-Käufen für zusätzliche Trainingsprogramme und Ernährungsinhalte.

Erfolg: Millionen Downloads, anhaltendes Engagement der Benutzer und Umsatzgenerierung durch Abonnement-Upgrades und In-App-Käufe. Kontinuierlich aktualisierte App mit neuen Trainingsherausforderungen, saisonalen Aktionen und Benutzer-Community-Funktionen zur Verbesserung der Benutzerbindung und der Monetarisierungsmöglichkeiten.

Fallstudie 2: Projektmanagement-Software

Produkt: Cloudbasierte Projektmanagement-Software für Teams zur Zusammenarbeit an Aufgaben, zur Verfolgung des Fortschritts und zur Verwaltung der Arbeitsablaufeffizienz.

Monetarisierungsstrategie: Abonnementbasierte Preise mit gestaffelten Plänen für Einzelnutzer, kleine Unternehmen und Unternehmenskunden. Angeboten werden Premiumfunktionen wie Gantt-Diagramme,

Zeiterfassung und Tools für die Teamzusammenarbeit.

Marketingstrategie: Gezielte B2B-Marketingkampagnen, Content-Marketing und Suchmaschinenoptimierung (SEO), um Projektmanager, IT-Experten und Führungskräfte zu erreichen. Nutzung kostenloser Testversionen, Fallstudien und Kundenreferenzen, um die Vorteile der Software und den ROI für die Produktivität des Unternehmens aufzuzeigen.

Erfolg: Weltweit erweiterte Benutzerbasis, Gewinnung von Unternehmenskunden durch maßgeschneiderte Verkaufsdemos und Produkttests sowie Erzielung wiederkehrender Einnahmen aus Jahresabonnements und -verlängerungen. Verbesserte Software-Skalierbarkeit, Sicherheitsfunktionen und Integrationen mit Plattformen von Drittanbietern, um den vielfältigen Kundenanforderungen und Branchenstandards gerecht zu werden.

Die Entwicklung einer App oder eines Softwareprodukts bietet eine attraktive Möglichkeit, durch digitale Innovation, benutzerzentriertes Design und strategische Monetarisierungsstrategien passive Einkommensströme zu schaffen. Durch Befolgen bewährter Methoden bei der App-Entwicklung, effektiver Marketingtaktiken und kontinuierlicher Wartung können Unternehmer und Entwickler erfolgreiche Produkte auf den Markt bringen, treue Benutzer gewinnen und im Laufe der Zeit nachhaltige Einnahmen erzielen.

Kapitel 12: Dropshipping und E-Commerce

Dropshipping und E-Commerce bieten lukrative Möglichkeiten, passives Einkommen zu erzielen, indem Sie Produkte online verkaufen, ohne Lagerbestände oder Logistik verwalten zu müssen. In diesem Kapitel werden die Grundlagen des Dropshipping, E-Commerce-

Geschäftsmodelle, Produktbeschaffungsstrategien, Plattformauswahl, Marketingtaktiken, Kundenbeziehungsmanagement, Skalierbarkeit und Fallstudien erfolgreicher E-Commerce-Unternehmer untersucht.

Einführung in Dropshipping und E-Commerce

Dropshipping ist ein Geschäftsmodell, bei dem Einzelhändler (Dropshipper) Produkte an Kunden verkaufen, ohne Lagerbestände zu halten. Stattdessen werden die Produkte direkt von Lieferanten oder Großhändlern an Kunden versandt, wodurch Lagerhaltung und Logistik entfallen. E-Commerce-Plattformen bieten eine digitale Ladenfront für Online-Transaktionen und ermöglichen es Unternehmern, globale Märkte zu erreichen und Produktverkäufe über verschiedene Marketingkanäle zu monetarisieren.

Warum sollten Sie Dropshipping und E-Commerce für passives Einkommen wählen?

1. **Geringe Startkosten**: Starten Sie ein E-Commerce-Geschäft mit minimalen Vorabinvestitionen im Vergleich zu herkömmlichen Einzelhandelsmodellen und reduzieren Sie so finanzielle Risiken und Gemeinkosten.

2. **Skalierbarkeit und Flexibilität**: Skalieren Sie Ihren Geschäftsbetrieb, indem Sie Produkte von mehreren Lieferanten beziehen, Produktkataloge erweitern und digitale Marketingstrategien nutzen, um ein breiteres Publikum zu erreichen.

3. **Globaler Marktzugang**: Erhalten Sie über E-Commerce-Plattformen Zugang zu internationalen Märkten und vielfältigen Kundendemografien und fördern Sie so das Umsatzwachstum und die Ertragsdiversifizierung.

4. **Automatisierung und Effizienz**: Automatisieren Sie die Auftragsabwicklung, die Bestandsverwaltung und Kundendienstaufgaben mithilfe von E-Commerce-Tools und Softwarelösungen, um die Geschäftsabläufe zu optimieren.

Erste Schritte mit Dropshipping und E-Commerce

1. **Wählen Sie einen Nischenmarkt**

Identifizieren Sie einen profitablen Nischenmarkt oder eine Produktkategorie basierend auf Marktnachfrage, Verbrauchertrends und Wettbewerbsanalysen. Bewerten Sie die Rentabilität der Nische, die Präferenzen der Zielgruppe und die Produktdifferenzierung, um ein Alleinstellungsmerkmal (USP) auf dem E-Commerce-Markt zu etablieren.

2. **E-Commerce-Plattformen auswählen**

Bewerten Sie E-Commerce-Plattformen (z. B. Shopify, WooCommerce, BigCommerce) anhand von Funktionen, Preisplänen, Skalierbarkeit und Integrationsmöglichkeiten. Wählen Sie eine Plattform, die Ihren Geschäftszielen, der Größe des Produktkatalogs und den Anpassungsanforderungen für den Aufbau eines professionellen Online-Shops entspricht.

3. **Beschaffungsprodukte und Lieferanten**

Recherchieren Sie nach seriösen Lieferanten, Herstellern oder Großhändlern, die Dropshipping-Dienste für ausgewählte Produktkategorien anbieten. Verhandeln Sie Preiskonditionen, Versandoptionen und Produktqualitätsstandards, um ein zuverlässiges Lieferkettenmanagement und Kundenzufriedenheit sicherzustellen.

4. **Erstellen Sie Ihren E-Commerce-Shop**

Entwerfen Sie eine benutzerfreundliche Website oder einen Online-Shop mit anpassbaren Vorlagen, Designs und E-Commerce-Plugins. Optimieren Sie Produktlisten mit hochwertigen Bildern, detaillierten Beschreibungen, Preisinformationen und Kundenbewertungen, um die Produktsichtbarkeit und Konversionsraten zu verbessern.

5. **Legen Sie wettbewerbsfähige Preisstrategien fest**

Berechnen Sie die Produktpreise auf der Grundlage von Lieferantenkosten, Versandkosten und Markttrends, um wettbewerbsfähige Preisstrategien beizubehalten. Bieten Sie Rabatte, Sonderangebote und Paketangebote an, um Kunden anzuziehen und Wiederholungskäufe auf Ihrer E-Commerce-Plattform zu fördern.

Marketing- und Kundengewinnungsstrategien

1. **Suchmaschinenoptimierung (SEO)**

Optimieren Sie Inhalte von E-Commerce-Shops, Produktseiten und Blogbeiträgen mit relevanten Schlüsselwörtern, Meta-Tags und Backlinks, um Ihr Suchmaschinen-Ranking und Ihren organischen Traffic zu verbessern.
Implementieren Sie SEO-Best Practices, um gezielten Traffic zu generieren und die Online-Sichtbarkeit bei Produktsuchen zu erhöhen.

2. **Content-Marketing**

Erstellen Sie überzeugende Inhalte wie Blogartikel, Produktbewertungen, Video-Tutorials und benutzergenerierte Inhalte, um Kunden zu gewinnen, Produktvorteile aufzuzeigen und Markenautorität aufzubauen. Verteilen Sie Inhalte über Social-Media-Plattformen, E-Mail-Newsletter und Influencer-Partnerschaften, um Besucher Ihres E-Commerce-Shops anzuziehen und zu binden.

3. **Social-Media-Marketing**

Nutzen Sie Social-Media-Plattformen (z. B. Facebook, Instagram, Pinterest), um Produkte zu präsentieren, mit Followern zu interagieren und Updates zu E-Commerce-Shops, Sonderangebote und Kundenreferenzen zu bewerben. Starten Sie gezielte Werbekampagnen, gesponserte Beiträge und Social-Media-Wettbewerbe, um den Verkehr und die Konversionen über Social-Media-Kanäle zu steigern.

4. **Bezahlte Werbekampagnen**

Investieren Sie in Pay-per-Click-Werbung (PPC) auf Suchmaschinen (z. B. Google Ads) und Social-Media-Plattformen, um bestimmte demografische Gruppen, geografische Standorte und Benutzerinteressen anzusprechen. Überwachen Sie die Leistungskennzahlen Ihrer Anzeigen, optimieren Sie die Kampagnenausrichtung und passen Sie die Gebotsstrategien an, um den Return on Ad

Spend (ROAS) und den E-Commerce-Umsatz zu maximieren.

5. **Automatisierung des E-Mail-Marketings**

Erstellen und segmentieren Sie E-Mail-Abonnentenlisten, um personalisierte Produktempfchlungen, Werbeangebote und Erinnerungen an abgebrochene Warenkörbe zu versenden. Implementieren Sie Automatisierungstools für E-Mail-Marketing (z. B. Mailchimp, Klaviyo), um Kampagnen zu planen, A/B-Tests für E-Mail-Inhalte durchzuführen und Kampagnenleistungsmetriken zur Kundenbindung und Konvertierungsoptimierung zu analysieren.

Verwaltung von E-Commerce-Vorgängen und Kundenbeziehungen

1. **Auftragsabwicklung und Bestandsverwaltung**

Koordinieren Sie die Auftragsabwicklung, Sendungsverfolgung und Bestandsauffüllung mit Dropshipping-Lieferanten oder Fulfillment-Zentren. Implementieren Sie eine Bestandsverwaltungssoftware, um Lagerbestände, Lieferantenleistung und Auftragserfüllungszeitpläne zu überwachen und so reibungslose Abläufe und Kundenzufriedenheit zu gewährleisten.

2. **Hervorragender Kundenservice**

Bieten Sie reaktionsschnellen Kundensupport per Live-Chat, E-Mail-Support und Telefon, um Produktanfragen, Versandaktualisierungen und auftragsbezogene Probleme umgehend zu beantworten. Legen Sie Kundendienstrichtlinien, FAQs und Rückgabe-/Rückerstattungsverfahren fest, um Vertrauen aufzubauen, den Ruf der Marke zu verbessern und positive Kundenbeziehungen aufrechtzuerhalten.

3. **Qualitätssicherung und Produktbewertungen**

Überwachen Sie Produktqualität, Kundenfeedback und Online-Bewertungen, um Produktverbesserungen, Lieferantenprobleme und Kundenzufriedenheitsniveaus zu identifizieren. Ermutigen Sie zufriedene Kunden, positive Bewertungen, Erfahrungsberichte und soziale Beweise zu hinterlassen, um Glaubwürdigkeit aufzubauen und neue Kunden für Ihren E-Commerce-Shop zu gewinnen.

Skalieren Sie Ihr Dropshipping- und E-Commerce-Geschäft

1. **Expansionsstrategien**

Erweitern Sie Ihr Produktangebot, zielen Sie auf neue Marktsegmente ab und diversifizieren Sie Ihre Vertriebskanäle (z. B. Amazon, eBay, Etsy), um Umsatzquellen und Marktreichweite zu erhöhen. Bilden Sie strategische

Partnerschaften mit Influencern, Affiliate-Vermarktern und Branchenpartnern, um Produkte zu bewerben und die Markenbekanntheit zu steigern.

2. **Leistungsmetriken und Analysen**

Verfolgen Sie wichtige Leistungsindikatoren (KPIs) wie Konversionsraten, durchschnittlichen Bestellwert (AOV), Kundenakquisitionskosten (CAC) und Customer Lifetime Value (CLV) mithilfe von E-Commerce-Analysetools. Analysieren Sie Verkaufstrends, Website-Verkehrsmuster und Benutzerverhaltensdaten, um Marketingkampagnen, Produktangebote und Geschäftswachstumsstrategien zu optimieren.

3. **Automatisierung und Outsourcing**

Automatisieren Sie wiederkehrende Aufgaben (z. B. Auftragsabwicklung, Bestandsaktualisierungen) mithilfe von E-Commerce-Softwarelösungen und lagern Sie nicht zum Kerngeschäft gehörende Aktivitäten

(z. B. Kundenservice, digitales Marketing) an virtuelle Assistenten oder freiberufliche Fachkräfte aus. Weisen Sie Ressourcen zu und konzentrieren Sie sich auf strategische Initiativen, um den Betrieb zu skalieren und die Effizienz Ihres E-Commerce-Geschäfts zu maximieren.

Fallstudien

Fallstudie 1: Nischenbekleidungsgeschäft

Unternehmen: Online-Bekleidungshändler, spezialisiert auf nachhaltige Mode und umweltfreundliche Kleidungsoptionen.

Strategie: Identifizierung eines Nischenmarkts für umweltbewusste Verbraucher, Beschaffung von Produkten von ethischen Lieferanten und Implementierung eines Dropshipping-Modells zur Senkung der Lagerkosten. Nutzung von Content-Marketing, Social-Media-Influencern und SEO-Strategien zur Anziehung der Zielgruppe und Steigerung des Online-Umsatzes.

Ergebnis: Aufbau eines treuen Kundenstamms, Erzielung hoher Konversionsraten und Generierung passiver Einnahmen durch wiederkehrende Verkäufe und nachhaltige Produktangebote. Erweiterung der Produktlinie mit saisonalen Kollektionen, Zusammenarbeit mit umweltfreundlichen Marken und Optimierung der Lieferkettenlogistik zur Unterstützung des Geschäftswachstums.

Fallstudie 2: Marktplatz für technische Gadgets

Geschäft: E-Commerce-Plattform für den Verkauf innovativer technischer Geräte, Smart-Geräte und Unterhaltungselektronik.

Strategie: Wir haben einen vielfältigen Produktkatalog mit trendigen Technologieprodukten zusammengestellt,

Partnerschaften mit globalen Lieferanten geschlossen und wettbewerbsfähige Preise mit schnellen Versandoptionen angeboten. Wir haben PPC-Werbung, Affiliate-Marketing-Partnerschaften und E-Mail-Marketingkampagnen implementiert, um den Website-Verkehr zu steigern und die Online-Verkäufe zu erhöhen.

Ergebnis: Ein Nischenmarktsegment von Technikbegeisterten wurde erobert, ein schnelles Umsatzwachstum erzielt und die Einnahmequellen durch Partnerprovisionen und gesponserte Produktplatzierungen diversifiziert. Optimierte Website-Leistung, Benutzererfahrung (UX) und Kundenbindungsstrategien zur Aufrechterhaltung des langfristigen Geschäftserfolgs.

Dropshipping und E-Commerce bieten Unternehmern praktikable Möglichkeiten, passive Einkommensströme durch Online-Produktverkäufe, skalierbare Geschäftsmodelle und digitale Marketingstrategien aufzubauen. Durch die Nutzung von E-Commerce-Plattformen, die Optimierung der Produktbeschaffung, die Umsetzung effektiver Marketingtaktiken und die Priorisierung der Kundenzufriedenheit können Unternehmer nachhaltige Einkommensquellen schaffen und finanzielle Freiheit erreichen.

Kapitel 13: Erstellen einer Mitglieder-Site

Die Erstellung einer Mitgliederseite ist eine wirkungsvolle Strategie zur Generierung passiver Einnahmen, indem Abonnenten regelmäßig exklusive Inhalte, Dienste oder Community-Zugriffe angeboten werden. In diesem Kapitel werden die Grundlagen von Mitgliederseiten, verschiedene Mitgliedschaftsmodelle, Strategien zur Inhaltserstellung, Plattformauswahl, Preisstrategien, Marketingtaktiken, Strategien zur Mitgliederbindung und Fallstudien erfolgreicher Ersteller von Mitgliederseiten behandelt.

Einführung in Mitgliederseiten

Mitgliederseiten ermöglichen Unternehmern, Content-Erstellern und Unternehmen, durch abonnementbasierten Zugriff Fachwissen, Kenntnisse und Premium-Inhalte zu monetarisieren. Durch die Bereitstellung wertvoller Ressourcen, laufender Updates und Community-Engagement fördern Mitgliederseiten wiederkehrende Einnahmequellen und bauen einen treuen Abonnentenstamm auf, der nach spezialisierten Inhalten oder Diensten sucht.

Warum sollte man sich für Mitgliedschaftsseiten zur Erzielung passiven Einkommens entscheiden?

1. **Wiederkehrende Einnahmen**: Erzielen Sie vorhersehbare Einnahmen durch monatliche oder jährliche Abonnementgebühren von Mitgliedern, die auf exklusive Inhalte, Kurse oder Dienste zugreifen.

2. **Skalierbarkeit**: Skalieren Sie den Betrieb der Mitgliederseite, indem Sie neue Inhalte hinzufügen, die Mitgliedschaftsstufen erweitern und automatisierte Prozesse nutzen, um der wachsenden Abonnentenbasis gerecht zu werden.

3. **Community-Aufbau**: Fördern Sie eine engagierte Community aus gleichgesinnten Personen, Lernenden oder Kunden, die von geteiltem Wissen, Vernetzungsmöglichkeiten und Peer-Support profitieren.

4. **Wertversprechen**: Bieten Sie einzigartige Vorteile wie Premium-Inhalte, Experteneinblicke, Live-Events, Coaching-Sitzungen, Mitgliederforen und herunterladbare Ressourcen, die Abonnementgebühren rechtfertigen und Mitglieder langfristig binden.

Erste Schritte mit einer Mitglieder-Site

1. **Definieren Sie Ihre Nische und Zielgruppe**

Identifizieren Sie einen Nischenmarkt, ein Spezialthema oder eine Zielgruppe mit spezifischen Interessen, Bedürfnissen oder Problembereichen, die durch exklusive Inhalte, Ressourcen oder Community-Engagement angegangen werden können. Führen Sie Marktforschung, Wettbewerbsanalysen und Zielgruppenbefragungen durch, um die Nachfrage zu ermitteln und Mitgliedschaftsangebote an die Vorlieben der Abonnenten anzupassen.

2. **Wählen Sie ein Mitgliedschaftsmodell**

Wählen Sie ein Mitgliedschaftsmodell, das Ihren Geschäftszielen, Ihrer Inhaltsstrategie und den Erwartungen Ihrer Abonnenten entspricht:

- **Inhaltsbasierte Mitgliedschaft**: Bietet Zugriff auf Premium-Artikel, Videos, Tutorials, Webinare oder herunterladbare Ressourcen.
- **Community-basierte Mitgliedschaft**: Bieten Sie Mitgliederforen, Networking-Events, Gruppencoaching oder Peer-Support-Gruppen an.
- **Produktbasierte Mitgliedschaft**: Bieten Sie exklusive Produktrabatte, frühen Zugriff auf Neuerscheinungen oder Waren nur für Mitglieder.

3. **Wählen Sie eine Mitgliedschaftsplattform**

Bewerten Sie Plattformen für Mitgliederseiten (z. B. MemberPress, Teachable, Kajabi) anhand von Funktionen, Preisplänen, Integrationsmöglichkeiten und Anpassungsoptionen. Wählen Sie eine Plattform, die Inhaltsverwaltung, Abonnementverwaltung, Zahlungsabwicklung, Mitgliederkommunikation und Analyseverfolgung unterstützt, um den Site-Betrieb zu optimieren.

4. **Entwickeln Sie überzeugende Inhalte und Ressourcen**

Erstellen Sie hochwertige Inhalte, die auf die Interessen der Mitglieder, Lernziele oder beruflichen Entwicklungsbedürfnisse zugeschnitten sind:

- **Curriculumentwicklung**: Entwerfen Sie strukturierte Kurse, Tutorials oder Lernpfade

unter Verwendung von Multimediaformaten (z. B. Videos, E-Books, Tests).
- **Exklusive Inhalte**: Erstellen Sie ausführliche Artikel, Fallstudien, Forschungsberichte oder Brancheneinblicke, die nur Mitgliedern zur Verfügung stehen.
- **Interaktive Ressourcen**: Veranstalten Sie Live-Webinare, Frage-und-Antwort-Sitzungen, virtuelle Workshops oder exklusive Events für Mitglieder, um Abonnenten einzubinden und zur Teilnahme zu ermutigen.

5. **Legen Sie Preisstrategien für Abonnements fest**

Legen Sie wettbewerbsfähige Preisstufen, Abonnements oder Mitgliedschaftsstufen basierend auf Inhaltstiefe, Zugriffsrechten und Mehrwertvorteilen fest:

- **Staffeln für die Preise**: Bieten Sie mehrere Mitgliedschaftsstufen (z. B. Basic, Premium, VIP) mit unterschiedlichen Zugriffsebenen und exklusiven Vergünstigungen an.

- **Kostenlose Testversion oder Freemium-Modell**: Gewinnen Sie neue Mitglieder mit zeitlich begrenzten kostenlosen Testversionen, Einführungsangeboten oder Beispielen von Freemium-Inhalten, um die Vorteile einer Mitgliedschaft zu demonstrieren.

Marketing- und Mitgliedergewinnungsstrategien

1. **Content Marketing und SEO**

Optimieren Sie den Inhalt von Mitgliederseiten, Zielseiten und Blogbeiträgen mit relevanten Schlüsselwörtern, Meta-Tags und SEO-Best Practices, um das organische Suchranking zu verbessern und gezielten Traffic anzuziehen. Erstellen Sie wertvolle Lead-Magneten, Gated Content oder E-Mail-Newsletter, um das Interesse der Besucher zu wecken und Abonnementanmeldungen zu fördern.

2. **E-Mail-Marketingkampagnen**

Erstellen Sie eine Liste mit E-Mail-Abonnenten und pflegen Sie Leads durch personalisierte E-Mail-Kampagnen, Drip-Sequenzen und automatisierte Follow-ups, um Mitgliedschaftsvorteile, kommende Inhaltsveröffentlichungen oder exklusive Angebote zu bewerben. Segmentieren Sie E-Mail-Listen basierend auf Mitgliederpräferenzen, Engagement-Levels oder Abonnementstatus, um zielgerichtete Nachrichten zu versenden und die Konversionsraten zu optimieren.

3. **Engagement in sozialen Medien**

Nutzen Sie Social-Media-Plattformen (z. B. Facebook, LinkedIn, Twitter, Instagram), um Updates der Mitgliederseite, Erfahrungsberichte von Mitgliedern, Erfolgsgeschichten und Werbeangebote zu teilen. Bauen Sie Online-Communitys auf, interagieren Sie mit Followern und nutzen Sie Influencer-Partnerschaften, um die Markenbekanntheit zu erhöhen, neue

Mitglieder zu gewinnen und Mitgliederempfehlungen zu fördern.

4. **Bezahlte Werbung und Partnerschaften**

Investieren Sie in bezahlte Werbekampagnen (z. B. PPC-Anzeigen, gesponserte Beiträge) auf Suchmaschinen und Social-Media-Plattformen, um bestimmte demografische Gruppen, geografische Standorte oder Benutzerinteressen anzusprechen. Arbeiten Sie mit Branchen-Influencern, verbundenen Unternehmen oder strategischen Partnern zusammen, um Nischenpublikum zu erreichen, die Präsenz der Mitgliederseite zu erhöhen und konversionsorientierten Traffic zu generieren.

Mitgliederbindung und Community-Engagement

1. **Bieten Sie kontinuierlich Mehrwert und Updates**

Stellen Sie regelmäßig Inhaltsaktualisierungen, Neuerscheinungen oder exklusive Angebote bereit, um das Engagement der Mitglieder aufrechtzuerhalten, einen dauerhaften Mehrwert zu demonstrieren und Abonnementverlängerungen zu rechtfertigen. Holen Sie Feedback von Mitgliedern ein, führen Sie Umfragen durch und analysieren Sie Engagement-Kennzahlen, um Inhaltsstrategien zu optimieren und die Mitgliederzufriedenheit zu verbessern.

2. **Bieten Sie personalisierte Mitgliedererlebnisse**

Segmentieren Sie Mitglieder anhand von Verhalten, Vorlieben oder Engagement-Kennzahlen, um Inhaltsempfehlungen, Kommunikationsstrategien und Mitgliedschaftsvorteile zu personalisieren. Implementieren Sie Mitgliederprämienprogramme, Treueprämien oder Empfehlungsboni, um die Bindung zu fördern, die Loyalität der Community zu stärken und die Abwanderungsraten zu senken.

3. **Interaktion und Support für Mitglieder erleichtern**

Erstellen Sie interaktive Foren, Diskussionsrunden oder private Gruppen, in denen Mitglieder sich vernetzen, Erkenntnisse austauschen, Fragen stellen und gemeinsam an gemeinsamen Interessen oder beruflichen Zielen arbeiten können. Bieten Sie reaktionsschnellen Kundensupport, Hilfe bei der Fehlerbehebung und exklusive Ressourcen für Mitglieder, um das Benutzererlebnis zu verbessern und langfristige Beziehungen aufzubauen.

Skalieren Sie Ihr Mitglieder-Site-Geschäft

1. **Mitgliedschaftsangebot erweitern**

Diversifizieren Sie Ihr Inhaltsangebot, führen Sie neue Mitgliedschaftsstufen ein oder starten Sie Premium-Add-ons (z. B. Coaching-

Sitzungen, Zertifizierungsprogramme), um den sich entwickelnden Bedürfnissen der Mitglieder gerecht zu werden und die Einnahmequellen zu erhöhen. Beobachten Sie kontinuierlich Branchentrends, Abonnentenfeedback und Marktanforderungen, um Innovationen zu entwickeln und auf dem Markt für Mitgliederseiten wettbewerbsfähig zu bleiben.

2. **Betriebsabläufe automatisieren**

Implementieren Sie Automatisierungstools (z. B. CRM-Systeme, Mitgliedschafts-Plugins, E-Mail-Marketing-Plattformen), um Verwaltungsaufgaben zu rationalisieren, die Mitgliederaufnahme zu automatisieren und die Effizienz der Arbeitsabläufe zu optimieren. Delegieren Sie nicht zum Kerngeschäft gehörende Aktivitäten, stellen Sie virtuelle Assistenten ein oder lagern Sie den technischen Support aus, um sich auf strategische Wachstumsinitiativen und Skalierbarkeitsmöglichkeiten zu konzentrieren.

3. **Leistungskennzahlen messen**

Verfolgen Sie wichtige Leistungsindikatoren (KPIs) wie Mitgliederwachstumsrate, Abwanderungsrate, durchschnittlichen Umsatz pro Benutzer (ARPU) und Mitgliederlebenszeitwert (MLV) mithilfe von Analyse-Dashboards und Berichtstools. Analysieren Sie Kennzahlen zur Mitgliederbindung, Abonnementverlängerungsraten und Einblicke in die Inhaltsleistung, um Marketingstrategien zu verfeinern, die Bindungsbemühungen zu verbessern und die Rentabilität der Mitgliederseite zu maximieren.

Fallstudien erfolgreicher Mitgliederseiten

Fallstudie 1: Online-Lernplattform

Business: Mitgliederseite mit Online-Kursen, Tutorials und Bildungsressourcen zur beruflichen Weiterentwicklung und zum beruflichen Aufstieg.

Strategie: Entwicklung eines umfassenden Lehrplans, Einstellung von erfahrenen Dozenten und Implementierung eines mehrstufigen Abonnementmodells mit Zugriff auf Kursbibliotheken, Live-Webinare und Zertifizierungsprogramme. Nutzung von SEO, Content-Marketing und Affiliate-Partnerschaften, um Lernende anzuziehen, Anmeldungen zu fördern und die globale Mitgliederbasis zu erweitern.

Ergebnis: Erhebliches Abonnentenwachstum, hohe Bindungsraten und wiederkehrende Einnahmen aus monatlichen Abonnements und Kursverlängerungen. Verbessertes Engagement der Benutzer durch interaktive Lerntools, Community-Foren und personalisierte Lernpfade zur Unterstützung lebenslangen Lernens und der Kompetenzentwicklung.

Fallstudie 2: Fitness- und Wellness-Community

Geschäft: Mitgliederseite mit Fitnessprogrammen, Ernährungsberatung und Wellness-Coaching für gesundheitsbewusste Personen.

Strategie: Erstellung individueller Trainingsroutinen, Ernährungspläne und Live-Coaching-Sitzungen, die über abonnementbasierte Mitgliedschaften zugänglich sind. Implementierung von Social-Media-Kampagnen, Influencer-Kooperationen und Empfehlungsprogrammen, um eine unterstützende Community aufzubauen, die Eigenverantwortung der Mitglieder zu stärken und gesunde Lebensstilentscheidungen zu fördern.

Ergebnis: Aufbau einer loyalen Mitgliedergemeinschaft, Steigerung der Abonnentenbindung und Generierung passiver Einnahmen durch wiederkehrende Abonnementgebühren und zusätzliche Serviceangebote. Erweiterte

Mitgliedschaftsstufen mit exklusiven Inhaltspaketen, virtuellen Workshops und Mitgliederherausforderungen zur Aufrechterhaltung des Engagements und langfristiger Mitgliederbeziehungen.

Die Erstellung einer Mitgliederseite bietet eine strategische Möglichkeit, durch die Bereitstellung wertvoller Inhalte, die Förderung des Community-Engagements und die Monetarisierung von Fachwissen über abonnementbasierte Mitgliedschaften passives Einkommen zu generieren.

Kapitel 14: Print on Demand

Print on Demand (POD) ist ein Geschäftsmodell, das es Unternehmern ermöglicht, individuell gestaltete Produkte zu verkaufen, ohne Lagerbestände zu halten. In diesem Kapitel werden die Grundlagen von Print on Demand, Produktanpassungsoptionen, Plattformauswahl, Strategien zur Designerstellung, Marketingtaktiken, Skalierungsmöglichkeiten und Fallstudien erfolgreicher Print on Demand-Unternehmen behandelt.

Einführung in Print on Demand

Print on Demand (POD) ermöglicht es Privatpersonen und Unternehmen, individuell gestaltete Waren, Kleidung, Accessoires und Wohnaccessoires ohne Vorabkosten zu erstellen und zu verkaufen. Durch die Partnerschaft mit POD-Lieferanten und -Plattformen können Verkäufer digitale Drucktechnologie nutzen, um Bestellungen auf Anfrage zu erfüllen, Produkte basierend auf Kundenpräferenzen anzupassen und kreative Designs über Online-Vertriebskanäle zu monetarisieren.

Warum sollten Sie sich für Print-on-Demand als passives Einkommen entscheiden?

1. **Keine Lagerkosten**: Es sind keine Vorabinvestitionen in Lagerhaltung, Produktionsanlagen oder Logistik erforderlich. Dadurch werden finanzielle Risiken und Betriebskosten reduziert.

2. **Produktanpassung**: Bieten Sie personalisierte Designs, Grafiken oder Markenoptionen an, um Nischenmärkte, individuelle Kundenpräferenzen und aktuelle Verbraucheranforderungen zu bedienen.

3. **Skalierbarkeit und Flexibilität**: Skalieren Sie Ihr Produktangebot, erweitern Sie Designkataloge und sprechen Sie unterschiedliche Kundensegmente über mehrere

Vertriebskanäle an, darunter E-Commerce-Plattformen, Marktplätze und soziale Medien.

4. **Globale Reichweite**: Greifen Sie auf internationale Märkte zu und erreichen Sie ein globales Publikum potenzieller Kunden über POD-Plattformen mit integrierten Versand- und Fulfillment-Funktionen.

Erste Schritte mit Print on Demand

1. **Identifizieren Sie Ihre Nische und Produktkategorien**

Definieren Sie einen Nischenmarkt, eine bestimmte Zielgruppe oder eine Produktkategorie (z. B. Bekleidung, Accessoires, Wohndekor) basierend auf Verbrauchertrends, Marktnachfrage und persönlichen Interessen. Führen Sie Marktforschung, Wettbewerbsanalysen und Trendprognosen durch, um profitable Nischen und Produktmöglichkeiten für die POD-Anpassung zu identifizieren.

2. **Wählen Sie eine Print-on-Demand-Plattform**

Bewerten Sie POD-Plattformen (z. B. Printful, Printify, Teespring) anhand von Produktangeboten, Druckfunktionen, Preisstrukturen, Versandoptionen und Integration mit E-Commerce-Plattformen (z. B. Shopify, WooCommerce). Wählen Sie eine Plattform, die zu Ihren Produkttypen, Designanforderungen und Geschäftsskalierungszielen passt.

3. **Produktdesigns erstellen und anpassen**

Entwickeln Sie Originalkunstwerke, Grafikdesigns oder digitale Illustrationen mithilfe von Designsoftware (z. B. Adobe Photoshop, Canva) oder beauftragen Sie freiberufliche Designer mit der Erstellung einzigartiger Produktdesigns. Optimieren Sie Designs hinsichtlich Druckqualität, Farbgenauigkeit und Kompatibilität mit POD-

Druckspezifikationen, um Produktästhetik und Kundenzufriedenheit sicherzustellen.

4. **Produkte hochladen und veröffentlichen**

Laden Sie Produktdesigns hoch, legen Sie Preise fest und konfigurieren Sie Produktdetails (z. B. Farben, Größen, Produktvarianten) auf der von Ihnen gewählten POD-Plattform. Erstellen Sie Produktmodelle oder digitale Vorschauen, um potenziellen Kunden, die in Ihrem Online-Shop stöbern, Designvarianten, Produktanpassungsoptionen und visuelle Attraktivität zu präsentieren.

5. **Preise und Gewinnspannen festlegen**

Berechnen Sie die Produktpreise auf der Grundlage von POD-Produktionskosten, Versandkosten, Plattformtransaktionsgebühren und gewünschten Gewinnspannen. Implementieren Sie dynamische Preisstrategien, Aktionsrabatte oder Paketangebote, um Kunden anzuziehen, das Verkaufsvolumen zu steigern und den Umsatz aus jedem Produktverkauf zu maximieren.

Marketing- und Verkaufsstrategien

1. **E-Commerce-Shop-Integration**

Integrieren Sie POD-Produkte nahtlos in Ihren bestehenden E-Commerce-Shop oder erstellen Sie eine dedizierte POD-Storefront mit anpassbaren Vorlagen, Designs und Plugins. Optimieren Sie Produktlisten mit überzeugenden Produktbeschreibungen, hochwertigen Bildern und Kundenbewertungen, um die Produktsichtbarkeit und Konversionsraten zu verbessern.

2. **Content Marketing und SEO**

Entwickeln Sie ansprechende Inhalte wie Blogbeiträge, Produktpräsentationen, Design-Tutorials oder benutzergenerierte Inhalte, um organischen Traffic anzuziehen, potenzielle

Kunden zu informieren und Möglichkeiten zur Produktanpassung zu demonstrieren.

Implementieren Sie SEO-Best Practices, um Produktseiten, Meta-Tags und Website-Inhalte für ein besseres Ranking in Suchmaschinen und eine bessere Online-Sichtbarkeit zu optimieren.

3. **Social-Media-Marketing**

Nutzen Sie Social-Media-Plattformen (z. B. Instagram, Facebook, Pinterest), um für POD-Produkte zu werben, Designinspirationen zu teilen und mit Followern durch visuelle Inhalte, interaktive Posts und Storytelling zu interagieren. Nutzen Sie Social-Media-Werbung, Influencer-Kooperationen und benutzergenerierte Content-Kampagnen, um die Markenbekanntheit zu steigern, den Verkehr zu Ihrem POD-Store zu erhöhen und Produktkäufe zu fördern.

4. **E-Mail-Marketingkampagnen**

Erstellen Sie eine E-Mail-Abonnentenliste und pflegen Sie Kundenbeziehungen durch personalisierte E-Mail-Kampagnen, Produktaktualisierungen, exklusive Angebote und Aktionsrabatte. Segmentieren Sie E-Mail-Listen basierend auf Kundenpräferenzen, Kaufhistorie oder Engagement-Level, um gezielte Marketingbotschaften zu übermitteln und Wiederholungskäufe von POD-Produkten zu fördern.

 Verwaltung von POD-Vorgängen und Kundenbeziehungen

1. **Auftragsabwicklung und Qualitätskontrolle**

Überwachen Sie POD-Produktionsprozesse, Druckqualitätsstandards und Auftragserfüllungszeitpläne, um eine rechtzeitige Auftragsabwicklung und Lieferung sicherzustellen. Kommunizieren Sie mit POD-Lieferanten, verwalten Sie Lagerbestände und beantworten Sie Kundenanfragen oder

Auftragsprobleme umgehend, um eine hohe Kundenzufriedenheit und Kundenbindungsrate sicherzustellen.

2. **Hervorragender Kundenservice**

Bieten Sie reaktionsschnellen Kundensupport über mehrere Kanäle (z. B. E-Mail, Live-Chat, soziale Medien), um Kunden bei Produktanfragen, Versandaktualisierungen oder Rückgabe-/Rückerstattungsanträgen zu unterstützen. Implementieren Sie Kundendienstrichtlinien, Zufriedenheitsgarantien und proaktive Kommunikationsstrategien, um Vertrauen aufzubauen, Probleme effizient zu lösen und das allgemeine Kundenerlebnis zu verbessern.

3. **Leistungsanalyse und -optimierung**

Verfolgen Sie wichtige Leistungsindikatoren (KPIs) wie Verkaufstrends, Konversionsraten, durchschnittlichen Bestellwert (AOV) und Kundenakquisitionskosten (CAC) mithilfe von

Analysetools der POD-Plattform und E-Commerce-Dashboards. Analysieren Sie Produktleistungsmetriken, Kundenfeedback und Markttrends, um Produktangebote, Preisstrategien und Marketingkampagnen für kontinuierliches Geschäftswachstum zu optimieren.

Skalieren Sie Ihr Print-on-Demand-Geschäft

1. **Produktangebot erweitern**

Diversifizieren Sie Produktkategorien, führen Sie neue Designkollektionen ein oder arbeiten Sie mit Gastkünstlern, Influencern oder Markenbotschaftern zusammen, um neue Kunden zu gewinnen und Ihren POD-Produktkatalog zu erweitern. Starten Sie saisonale Werbeaktionen, limitierte Editionen oder Themenkollektionen, um das Kundeninteresse zu wecken und den Umsatz zu steigern.

2. **Automatisierung und Outsourcing von Abläufen**

Automatisieren Sie wiederkehrende Aufgaben (z. B. Auftragsabwicklung, Bestandsaktualisierungen) mithilfe von POD-Plattformintegrationen, E-Commerce-Plugins und Tools von Drittanbietern, um betriebliche Arbeitsabläufe zu optimieren und die Produktivität zu steigern. Delegieren Sie nicht zum Kerngeschäft gehörende Aktivitäten, stellen Sie virtuelle Assistenten ein oder lagern Sie den Kundensupport aus, um sich auf strategische Initiativen, kreative Designentwicklung und Geschäftsskalierbarkeit zu konzentrieren.

3. **Partnerschaft mit Influencern und Affiliates**

Arbeiten Sie mit Social-Media-Influencern, Content-Erstellern oder Affiliate-Vermarktern zusammen, um POD-Produkte zu bewerben, die Markensichtbarkeit zu erhöhen und Zielgruppen durch authentische Empfehlungen, gesponserte

Inhalte oder Affiliate-Empfehlungsprogramme zu erreichen. Überwachen Sie die Leistung der Partnerschaft, verfolgen Sie den Empfehlungsverkehr und optimieren Sie Influencer-Kampagnen, um den ROI zu maximieren und nachhaltiges Umsatzwachstum zu erzielen.

Print on Demand bietet Unternehmern eine skalierbare und kostengünstige Möglichkeit, passives Einkommen zu erzielen, indem sie individuell gestaltete Produkte über Online-Shops, E-Commerce-Plattformen und digitale Marktplätze verkaufen. Durch den Einsatz kreativer Designfähigkeiten, digitaler Drucktechnologie, effektiver Marketingstrategien und kundenorientierter Abläufe können Unternehmer POD-Chancen nutzen, ihre Einnahmequellen diversifizieren und finanzielle Freiheit erreichen.

Kapitel 15: In Kryptowährungen investieren

Investitionen in Kryptowährungen haben sich im digitalen Zeitalter zu einer beliebten Möglichkeit entwickelt, passives Einkommen und Kapitalzuwachs zu erzielen. In diesem Kapitel werden die Grundlagen von Investitionen in Kryptowährungen, Strategien zur Erzielung passiven Einkommens durch Kryptowährungen, Risikomanagementtechniken, regulatorische Aspekte und Fallstudien erfolgreicher Kryptowährungsinvestoren untersucht.

Einführung in Kryptowährungen

Kryptowährungen sind dezentralisierte digitale Vermögenswerte, die kryptografische Techniken verwenden, um Transaktionen abzusichern, den Besitz von Vermögenswerten zu verifizieren und Peer-to-Peer-Wertübertragungen zu ermöglichen. Bitcoin, Ethereum und andere Altcoins haben als alternative Anlagewerte an

Bedeutung gewonnen und bieten potenzielle Renditen und Diversifikationsvorteile jenseits der traditionellen Finanzmärkte.

Warum Kryptowährungen für passives Einkommen wählen?

1. **Potenzial für hohe Renditen**: Kryptowährungen weisen erhebliche Preisschwankungen auf und bieten Möglichkeiten zur Wertsteigerung und Gewinngenerierung durch strategische Investitionsentscheidungen.

2. **Diversifikationsvorteile**: Diversifizieren Sie Anlageportfolios, indem Sie Mittel in digitale Vermögenswerte investieren, die im Vergleich zu Aktien, Anleihen und Rohstoffen möglicherweise unkorrelierte Renditen bieten.

3. **Möglichkeiten für passives Einkommen**: Verdienen Sie passives Einkommen durch verschiedene Anlagestrategien für Kryptowährungen, darunter Staking, Lending,

Yield Farming und die Teilnahme an Protokollen für dezentralisierte Finanzen (DeFi).

4. **Technologische Innovation**: Beteiligen Sie sich am Wachstum der Blockchain-Technologie, dezentraler Anwendungen (dApps) und digitaler Zahlungslösungen und fördern Sie die Einführung von Kryptowährungen und die Marktexpansion.

Erste Schritte mit Kryptowährungsinvestitionen

1. **Kryptowährungsmärkte verstehen**

Informieren Sie sich über die Grundlagen von Kryptowährungen, Blockchain-Technologie, Marktdynamik und Faktoren, die die Preisbewegungen von Kryptowährungen beeinflussen (z. B. Angebot-Nachfrage-Dynamik, Marktstimmung, regulatorische Entwicklungen).

2. **Risikobewertung und Anlagestrategie**

Bewerten Sie Risikobereitschaft, Anlageziele und Zeithorizont, bevor Sie Geld in Kryptowährungen investieren. Entwickeln Sie eine Anlagestrategie auf der Grundlage von Fundamentalanalyse, technischer Analyse und Risikomanagementprinzipien, um die Volatilität zu verringern und die Rendite zu optimieren.

3. **Auswahl von Kryptowährungsanlagen**

Recherchieren und bewerten Sie verschiedene Kryptowährungen anhand von Marktkapitalisierung, Liquidität, Projektgrundlagen, Glaubwürdigkeit des Entwicklungsteams, Realisierbarkeit von Anwendungsfällen und Community-Unterstützung. Diversifizieren Sie Ihre Anlagebestände über etablierte Kryptowährungen (z. B. Bitcoin, Ethereum) und vielversprechende Altcoins mit Wachstumspotenzial.

4. **Kryptowährungsbörsen und Wallets**

Wählen Sie seriöse Kryptowährungsbörsen (z. B. Binance, Coinbase, Kraken), um digitale Vermögenswerte sicher zu kaufen, zu verkaufen und zu handeln. Verwenden Sie Hardware-Wallets, Software-Wallets oder Depotdienste, um Kryptowährungen zu speichern und die Kontrolle über private Schlüssel zu behalten, um die Sicherheitsmaßnahmen zu verbessern.

Passives Einkommen mit Kryptowährungen generieren

1. **Kryptowährungs-Staking**

Nehmen Sie an Staking-Protokollen für Kryptowährungen teil, um Blockchain-Transaktionen zu validieren, Netzwerkkonsens sicherzustellen und Staking-Belohnungen in Form zusätzlicher Kryptowährungstoken zu erhalten. Wählen Sie Staking-Plattformen und Kryptowährungen, die Proof-of-Stake-Konsensmechanismen (PoS) unterstützen, um

Token zu staken und passives Einkommen basierend auf der Netzwerkteilnahme zu erzielen.

2. **Verleihen und Ausleihen von Kryptowährungen**

Nutzen Sie Kryptowährungs-Kreditplattformen und dezentrale Finanzprotokolle (DeFi), um Kreditnehmern digitale Vermögenswerte gegen Zinszahlungen und Kreditgebühren zu verleihen. Erkunden Sie Kreditmöglichkeiten auf Plattformen wie Compound, Aave oder Celsius Network, um passives Einkommen aus Kreditaktivitäten zu erzielen und gleichzeitig die damit verbundenen Risiken und Kreditbedingungen zu verwalten.

3. **Yield Farming und Liquiditätsbereitstellung**

Nehmen Sie an Yield-Farming-Strategien teil, indem Sie dezentralen Börsen (DEXs) und Liquiditätspools Liquidität zur Verfügung stellen und dafür Renditeprämien, Handelsgebühren und Token-Anreize erhalten. Ordnen Sie Kryptowährungsbestände Liquiditätspools auf Plattformen wie Uniswap, SushiSwap oder PancakeSwap zu, um durch automatisierte Market-Making-Mechanismen (AMM) und Strategien zur Renditeoptimierung passives Einkommen zu erzielen.

4. **Masternode-Operationen**

Betreiben Sie einen Kryptowährungs-Masterknoten, indem Sie einen vollständigen Netzwerkknoten hosten, spezielle Blockchain-Aufgaben ausführen und Transaktionen validieren, um Blockbelohnungen und Transaktionsgebühren zu verdienen. Investieren Sie in Masternode-fähige Kryptowährungen (z. B. Dash, Zcoin), die Sicherheiten und Netzwerkbeteiligung erfordern, um passive Einkommensströme aus Masternode-Operationen zu sichern.

Risikomanagement und regulatorische Aspekte

1. **Risikobewertung und Portfoliodiversifizierung**

Verwalten Sie die Investitionsrisiken in Kryptowährungen, indem Sie Ihre Portfoliobestände diversifizieren, Zuteilungsgrenzen festlegen und Stop-Loss-Orders oder Absicherungsstrategien implementieren, um die Marktvolatilität und Abwärtsrisiken zu mindern.

2. **Bewährte Sicherheitspraktiken**

Implementieren Sie bewährte Sicherheitsmethoden wie die Verwendung von Hardware-Wallets, die Aktivierung der Zwei-Faktor-Authentifizierung (2FA) und die Durchführung einer Due-Diligence-Prüfung von Kryptowährungsbörsen, Wallets und DeFi-Plattformen, um digitale Assets vor Diebstahl, Betrug oder Cyber-Bedrohungen zu schützen.

3. **Einhaltung gesetzlicher Vorschriften**

Bleiben Sie über regulatorische Entwicklungen, steuerliche Auswirkungen und rechtliche Rahmenbedingungen für Kryptowährungsinvestitionen in Ihrer Gerichtsbarkeit auf dem Laufenden. Halten Sie Compliance-Anforderungen, Meldepflichten und Richtlinien zur Steuererklärung ein, um rechtmäßige Kryptowährungstransaktionen und Investitionsaktivitäten sicherzustellen.

Fallstudien erfolgreicher Kryptowährungsinvestoren

Fallstudie 1: Früher Bitcoin-Investor

Anlegerprofil: Early Adopter, der Bitcoin in der Anfangsphase der Entwicklung und technologischen Einführung gekauft hat.

Strategie: Langfristige Bitcoin-Bestände trotz Marktschwankungen gehalten, an Bitcoin-

Mining-Aktivitäten teilgenommen und Kryptowährungsinvestitionen auf andere digitale Vermögenswerte mit Wachstumspotenzial diversifiziert.

Ergebnis: Erhebliche Wertsteigerung des Kapitals, diversifiziertes Anlageportfolio und passives Einkommen durch Bitcoin-Mining-Belohnungen, Staking-Anreize und strategische Portfoliomanagementstrategien erzielt.

Fallstudie 2: DeFi-Enthusiast und Yield Farmer

Anlegerprofil: Krypto-Enthusiast mit Leidenschaft für dezentrale Finanzprotokolle (DeFi) und Blockchain-Innovationen.

Strategie: Beteiligung an Yield-Farming-Aktivitäten, Bereitstellung von Liquidität für DeFi-Plattformen und Erzielung eines passiven Einkommens aus Yield-Farming-Strategien, Anreizen zur Liquiditätsbereitstellung und Governance-Token-Belohnungen.

Ergebnis: Kontinuierliches passives Einkommen generiert, neue DeFi-Chancen erkundet und durch aktive Teilnahme an Yield-Farming-Projekten und Initiativen zur Liquiditätsbereitstellung zum Wachstum des dezentralen Ökosystems beigetragen.

Durch Investitionen in Kryptowährungen können Anleger passives Einkommen erzielen, Kapitalzuwächse erzielen und am transformativen Potenzial der Blockchain-Technologie und digitaler Vermögenswerte teilhaben. Durch das Verständnis der Grundlagen von Kryptowährungen, die Anwendung strategischer Anlageansätze, ein effektives Risikomanagement und die Einhaltung regulatorischer Richtlinien können Einzelpersonen Kryptowährungschancen nutzen, Einkommensströme diversifizieren und auf dem Weg zur finanziellen Freiheit voranschreiten.

Kapitel 16: Erstellen einer Nischen-Website

Der Aufbau einer Nischen-Website ist ein strategischer Ansatz zur Generierung passiver Einnahmen durch die Erstellung wertvoller Inhalte, die Gewinnung gezielten Traffics und die Monetarisierung durch verschiedene Online-Einnahmequellen. In diesem Kapitel werden die wesentlichen Schritte, Strategien, Taktiken zur Inhaltserstellung, Monetarisierungsmethoden, bewährte SEO-Methoden und Fallstudien erfolgreicher Nischen-Website-Besitzer untersucht.

Eine Nischen-Website konzentriert sich auf bestimmte Themen, Interessen oder Marktsegmente und zielt darauf ab, einem Zielpublikum wertvolle Informationen, Lösungen oder Produkte bereitzustellen. Nischen-Websites nutzen Content-Marketing, Suchmaschinenoptimierung (SEO), Affiliate-

Marketing, Werbenetzwerke und andere Monetarisierungsstrategien, um passives Einkommen zu generieren und Online-Autorität in spezialisierten Nischen aufzubauen.

Warum Nischen-Websites für passives Einkommen wählen?

1. **Zielgruppe**: Erreichen Sie eine bestimmte Zielgruppe, die an Nischenthemen, -produkten oder -dienstleistungen interessiert ist, und steigern Sie so Engagement, Konversionsraten und Monetarisierungsmöglichkeiten.

2. **Skalierbarkeit**: Skalieren Sie die Inhaltsproduktion, die Verkehrsgenerierung und die Einnahmequellen, indem Sie die Leistung von Nischen-Websites optimieren, Inhaltskategorien erweitern und neue Monetarisierungskanäle erkunden.

3. **Geringe Einstiegshürde**: Beginnen Sie mit minimalen Vorabkosten, nutzen Sie Content-Management-Systeme (z. B. WordPress) und

greifen Sie auf kostenlose oder kostengünstige Tools zu, um Nischen-Websites effektiv zu starten und zu verwalten.

4. **Potenzial für passives Einkommen**: Verdienen Sie passives Einkommen durch Partnerprovisionen, Werbeeinnahmen, den Verkauf digitaler Produkte, Mitgliedsabonnements und Partnerschaften für gesponserte Inhalte.

Erste Schritte mit einer Nischen-Website

1. **Identifizieren Sie eine profitable Nische**

Führen Sie Marktforschung, Keyword-Analyse und Konkurrenzanalyse durch, um profitable Nischen mit ausreichender Zielgruppennachfrage, geringer Konkurrenz und Monetarisierungspotenzial zu identifizieren. Wählen Sie Nischenthemen, die auf persönliche Interessen, Fachwissen oder aktuelle Verbraucherinteressen abgestimmt sind, um

Autorität aufzubauen und gezielten Verkehr anzuziehen.

2. **Domänenname und Webhosting**

Registrieren Sie einen Domänennamen, der Nischenrelevanz, Markenidentität und SEO-freundliche Schlüsselwörter widerspiegelt. Wählen Sie zuverlässige Webhosting-Anbieter, die skalierbare Hosting-Pläne, Sicherheitsfunktionen und technischen Support anbieten, um die Leistung, Verfügbarkeit und Benutzerfreundlichkeit der Website sicherzustellen.

3. **Content-Strategie und -Erstellung**

Entwickeln Sie eine Inhaltsstrategie, in der Sie die Präferenzen der Zielgruppe, Inhaltsformate (z. B. Artikel, Anleitungen, Tutorials, Videos) und Veröffentlichungspläne darlegen, um Konsistenz zu gewährleisten und die Leser zu fesseln. Erstellen Sie qualitativ hochwertige, informative Inhalte, die nischenspezifische

Themen ansprechen, Probleme der Zielgruppe lösen und bewährte SEO-Methoden integrieren, um die Sichtbarkeit bei organischen Suchen zu verbessern und eingehenden Datenverkehr anzuziehen.

4. **Website-Design und Benutzererfahrung**

Entwerfen Sie benutzerfreundliche Websites mit responsiven Vorlagen, intuitiven Navigationsmenüs, klaren Call-to-Action-Buttons (CTA) und optisch ansprechenden Layouts, um die Benutzererfahrung (UX) zu optimieren und die Besucherinteraktion zu fördern. Passen Sie Website-Designs an, integrieren Sie Multimedia-Inhalte (z. B. Bilder, Videos) und optimieren Sie die Seitenladegeschwindigkeit, um die Zugänglichkeit zu verbessern und Absprungraten zu reduzieren.

Monetarisierungsstrategien für Nischen-Websites

1. **Affiliate-Marketing**

Gehen Sie Partnerschaften mit Partnerprogrammen, Netzwerken oder Marken ein, die für Nischenthemen relevant sind, und bewerben Sie Partnerprodukte/-dienste durch kontextbezogene Links, Produktbewertungen, Vergleichsleitfäden und Empfehlungslisten. Verdienen Sie Partnerprovisionen auf der Grundlage von Empfehlungsverkäufen, Leadgenerierung oder Kundenakquise, die durch Nischen-Website-Traffic generiert wird.

2. **Werbenetzwerke**

Monetarisieren Sie Nischen-Websites, indem Sie kontextbezogene Anzeigen, Display-Banner oder native Anzeigen über Werbenetzwerke wie Google AdSense, Media.net oder nischenspezifische Werbeplattformen anzeigen. Optimieren Sie die Anzeigenplatzierung, überwachen Sie die Leistungskennzahlen der Anzeigen (z. B. Klickraten, Einnahmen pro tausend Impressionen) und halten Sie sich an Werberichtlinien, um das Werbeumsatzpotenzial zu maximieren.

3. **Digitale Produkte und Dienstleistungen**

Erstellen und verkaufen Sie digitale Produkte (z. B. E-Books, Online-Kurse, Vorlagen, Softwaretools) oder bieten Sie digitale Dienste (z. B. Beratung, Coaching, freiberufliche Dienste) an, die auf Nischeninteressen, Wissenslücken oder spezielle Fähigkeiten zugeschnitten sind. Legen Sie Preisstrategien fest, liefern Sie Mehrwertinhalte und nutzen Sie E-Mail-Marketingkampagnen, um digitale Angebote zu bewerben und wiederkehrende Einnahmequellen zu generieren.

4. **Mitgliedsbeiträge**

Starten Sie Mitgliederseiten, Abonnements für Premiuminhalte oder exklusive Mitgliedschaftsstufen, die Zugriff auf spezielle

Inhalte, Ressourcen, Community-Foren und exklusive Mitgliedervorteile bieten. Implementieren Sie Abonnement-Abrechnungsmodelle, bieten Sie wertorientierte Mitgliedschaftsvorteile und fördern Sie das Engagement der Community, um Abonnenten zu binden und vorhersehbare wiederkehrende Einnahmen zu erzielen.

SEO- und Traffic-Generierungsstrategien

1. **Keyword-Recherche und -Optimierung**

Führen Sie mithilfe von SEO-Tools (z. B. SEMrush, Ahrefs, Google Keyword Planner) eine Keyword-Recherche durch, um relevante Keywords, Suchvolumentrends und Wettbewerbsanalysen für nischenspezifische Themen zu ermitteln. Optimieren Sie Website-Inhalte, Meta-Tags, Überschriften und Alternativtexte von Bildern mit gezielten Keywords, um das organische Suchranking zu verbessern und qualifizierten organischen Traffic anzuziehen.

2. **Content-Marketing und Werbung**

Bewerben Sie Nischen-Website-Inhalte über Social-Media-Plattformen, E-Mail-Newsletter, Gastbeiträge und Online-Communitys, um die Sichtbarkeit der Inhalte zu erhöhen, Backlinks zu generieren und Empfehlungsverkehr zu fördern. Implementieren Sie Strategien zur Inhaltsverteilung, arbeiten Sie mit Branchen-Influencern zusammen und interagieren Sie mit Nischen-Zielgruppen, um die Reichweite der Inhalte und die Einbindung der Zielgruppe zu verbessern.

3. **Linkaufbau und Autoritätsaufbau**

Erstellen Sie Backlinks von seriösen Websites, Verzeichnissen und Branchenpublikationen, um die Domänenautorität, das Suchmaschinenranking und die organische Traffic-Akquise zu verbessern. Implementieren

Sie White-Hat-Linkbuilding-Strategien (z. B. Gastbeiträge, Content-Syndication, Influencer-Outreach), um hochwertige Backlinks zu erhalten und Glaubwürdigkeit in Nischenmärkten aufzubauen.

Fallstudien erfolgreicher Nischen-Website-Besitzer

Fallstudie 1: Persönlicher Finanzblog

Website: Persönlicher Finanzblog mit Ressourcen zur Finanzkompetenz, Budgetierungstipps und Anlagestrategien für junge Berufstätige.

Strategie: Veröffentlichung umfassender Leitfäden zum Thema Geldsparen, Aktieninvestieren und Altersvorsorge, optimiert für SEO und Monetarisierung durch Affiliate-Partnerschaften mit Finanzdienstleistern und den Verkauf digitaler Produkte (E-Books, Finanzplanungstools).

Ergebnis: Ein treues Publikum gewonnen, passives Einkommen aus Partnerprovisionen, Werbeeinnahmen und dem Verkauf digitaler Produkte generiert und Einnahmequellen durch Mitgliedschaftsabonnements und gesponserte Content-Kooperationen mit Finanzmarken erweitert.

Fallstudie 2: Website für Gesundheit und Wellness

Website: Gesundheits- und Wellness-Website mit Fitnessroutinen, Ernährungstipps und Bewertungen von Wellness-Produkten für aktive Personen.

Strategie: Erstellung informativer Artikel zu Fitness-Workouts, gesunden Rezepten und Nahrungsergänzungsempfehlungen, optimiert für SEO und Monetarisierung durch Affiliate-Marketing-Partnerschaften mit Fitnessgerätemarken, Amazon Associates und gesponserten Inhalten von Wellnessmarken.

Ergebnis: Als vertrauenswürdige Ressource in der Gesundheitsnische etabliert, passives Einkommen aus Partnerprovisionen, Werbeeinnahmen und Produktsponsoring erzielt und Einnahmequellen durch Online-Coaching-Dienste und exklusive Mitgliedschaftsabonnements diversifiziert.

Der Aufbau einer Nischen-Website bietet die Möglichkeit, passives Einkommen zu generieren, Online-Autorität aufzubauen und ein treues Publikum in spezialisierten Marktsegmenten aufzubauen. Durch die Implementierung effektiver Inhaltsstrategien, Monetarisierungstechniken, SEO-Praktiken und die Nutzung digitaler Marketingkanäle können Einzelpersonen nachhaltige Einkommensströme schaffen, finanzielle Freiheit erreichen und ihre Online-Unternehmungen skalieren.

Kapitel 17: Entwicklung des geistigen Eigentums

Die Entwicklung von geistigem Eigentum (IP) ist ein strategischer Ansatz zur Schaffung passiver Einkünfte durch die Schaffung wertvoller Vermögenswerte wie Patente, Marken, Urheberrechte und urheberrechtlich geschützte Erfindungen. In diesem Kapitel werden die Grundlagen der Entwicklung geistigen Eigentums, Strategien zur Monetarisierung von IP-Vermögenswerten, rechtliche Aspekte, Fallstudien erfolgreicher IP-Ersteller und Tipps zur Maximierung passiver Einkünfte durch innovative Ideen und kreative Arbeiten behandelt.

Geistiges Eigentum umfasst geistige Schöpfungen, darunter Erfindungen, Kunstwerke, literarische Werke, Symbole, Namen und Designs, die gesetzlich geschützt sind. Die Entwicklung geistigen Eigentums umfasst die Schaffung origineller Inhalte, innovativer Produkte oder einzigartiger Lösungen, die durch Lizenzierung, Lizenzgebühren, Verkäufe und Vermarktungsmöglichkeiten wirtschaftliche Vorteile bieten.

Warum sollte man geistiges Eigentum zur Erzielung passiven Einkommens wählen?

1. **Vermögenswerterstellung**: Entwickeln Sie wertvolle IP-Vermögenswerte (z. B. Patente, Marken, Urheberrechte), die durch Lizenzvereinbarungen, Lizenzgebühren oder Verkaufstransaktionen wiederkehrende passive Einnahmen generieren können.

2. **Marktdifferenzierung**: Schaffen Sie Wettbewerbsvorteile, Marktexklusivität und Markenbekanntheit, indem Sie einzigartige Erfindungen, kreative Werke oder unverwechselbare Markenwerte durch geistiges Eigentum schützen.

3. **Möglichkeiten zur Monetarisierung**: Lizenzieren Sie geistiges Eigentum (IP) an Dritte, verhandeln Sie Lizenzvereinbarungen, verkaufen Sie geistiges Eigentum (IP) oder kommerzialisieren Sie innovative Produkte/Dienste, um Einnahmequellen zu generieren und den finanziellen Ertrag zu maximieren.

4. **Langfristiger Wert**: Bauen Sie ein Portfolio aus IP-Assets mit Potenzial für langfristige Wertsteigerung, Marktnachfrage und Branchenrelevanz in verschiedenen Sektoren, Technologien oder Kreativbranchen auf.

Arten von geistigem Eigentum

1. **Patente**

Erhalten Sie Patente zum Schutz von Erfindungen, technologischen Innovationen oder neuen Prozessen, die in ihren jeweiligen Bereichen Nutzen, Neuheit und Nichtoffensichtlichkeit bieten. Monetarisieren

Sie Patente durch Lizenzvereinbarungen, Patentverkäufe oder Vermarktungspartnerschaften mit Branchenteilnehmern.

2. **Markenzeichen**

Registrieren Sie Marken, um Markennamen, Logos, Slogans oder Erkennungszeichen zu schützen, die Produkte/Dienstleistungen kennzeichnen und von denen der Konkurrenz unterscheiden. Lizenzieren Sie Markenrechte an Franchisenehmer, Händler oder Geschäftspartner, um Markenwerte in Marketingkampagnen oder Produktwerbung zu verwenden.

3. **Urheberrechte**

Sichern Sie sich Urheberrechte für literarische Originalwerke, künstlerische Kreationen, Softwarecode oder digitale Inhalte, die Kreativität, Originalität und Ausdruckskraft auszeichnen. Machen Sie Urheberrechte durch digitale Vertriebsplattformen, Lizenzvereinbarungen, Content-Syndication oder Lizenzzahlungen aus Medienkonsum und -reproduktion zu Geld.

4. **Geschäftsgeheimnisse**

Schützen Sie Geschäftsgeheimnisse, vertrauliche Informationen oder geschütztes Wissen, das Wettbewerbsvorteile und Geschäftswert bietet, durch Geheimhaltungsvereinbarungen (NDAs), Vertraulichkeitsvereinbarungen oder vertragliche Verpflichtungen mit Mitarbeitern, Lieferanten und Geschäftspartnern.

 Strategien zur Entwicklung geistigen Eigentums

1. **Innovation und Forschung**

Führen Sie Marktforschung, Branchenanalysen und technologische Innovationen durch, um Möglichkeiten zur Entwicklung neuer Erfindungen, Produktdesigns oder

Softwarelösungen zu identifizieren, die auf die Bedürfnisse des Marktes, die Vorlieben der Verbraucher oder die Herausforderungen der Branche eingehen.

2. **Kreative Inhaltserstellung**

Erstellen Sie Originalinhalte, künstlerische Werke oder digitale Medien (z. B. Bücher, Musik, Videos), die beim Zielpublikum Anklang finden, einzigartige Perspektiven vermitteln oder durch Geschichtenerzählen, visuelle Ästhetik oder multimediales Geschichtenerzählen emotionale Reaktionen hervorrufen.

3. **Prototyping und Testen**

Erstellen Sie Prototypen neuer Produkte, Erfindungen oder Softwareprototypen, um Funktionalität, Benutzerfreundlichkeit und Marktakzeptanz zu validieren, bevor Sie Patente, Marken oder Urheberrechte anmelden, um geistige Eigentumsrechte zu schützen und Wettbewerbsvorteile zu sichern.

4. **Zusammenarbeit und Partnerschaft**

Arbeiten Sie mit Branchenexperten, Forschungseinrichtungen oder Technologiepartnern zusammen, um kollektives Fachwissen, Ressourcen und intellektuelles Kapital für die Entwicklung innovativer Lösungen, gemeinsamer Projekte oder Joint Ventures zu nutzen, die die Entwicklung und Vermarktungsmöglichkeiten von geistigem Eigentum verbessern.

Monetarisierung von geistigem Eigentum

1. **Lizenzierung und Lizenzgebühren**

Verhandeln Sie Lizenzvereinbarungen mit Drittlizenznehmern, Herstellern oder Vertriebshändlern, um die Erlaubnis zur Nutzung von IP-Rechten im Austausch gegen Lizenzgebühren, Lizenzgebühren oder Vereinbarungen zur Gewinnbeteiligung auf

Grundlage von Verkauf, Nutzung oder kommerzieller Verwertung zu erteilen.

2. **Produktkommerzialisierung**

Kommerzialisieren Sie patentierte Erfindungen, geschützte Marken oder urheberrechtlich geschützte Werke durch Produkteinführungen, Marketingkampagnen und Vertricbskanäle, um Umsatz, Markenbekanntheit und Marktdurchdringung in Zielmärkten zu erzielen.

3. **Digitaler Vertrieb**

Verteilen Sie digitale Inhalte, Softwareanwendungen oder Multimediaprodukte über Online-Plattformen, digitale Marktplätze oder Abonnementdienste, um ein globales Publikum zu erreichen, digitale Downloads zu monetarisieren und wiederkehrende Einnahmequellen aus abonnementbasierten Modellen zu nutzen.

4. **Markenlizenzierung und Merchandising**

Lizenzieren Sie Warenzeichen, Markenidentitäten oder Charaktereigenschaften an Händler, Einzelhandelspartner oder Werbeagenturen zur Herstellung von Markenartikeln, Verbraucherprodukten oder Werbeartikeln, die die Markenbekanntheit steigern und Lizenzgebühren generieren.

Rechtliche und regulatorische Aspekte

1. **IP-Schutz und Registrierung**

Reichen Sie Patentanträge, Markenregistrierungen oder Urheberrechtsanmeldungen bei den entsprechenden Ämtern für geistiges Eigentum (z. B. USPTO, EUIPO, WIPO) ein, um rechtlichen Schutz zu gewährleisten, geistige Eigentumsrechte durchzusetzen und unbefugte Verwendung, Rechtsverletzungen oder Produktfälschungen zu verhindern.

2. **Vertragliche Vereinbarungen**

Entwerfen und verhandeln Sie Lizenzvereinbarungen, IP-Übertragungsverträge, Geheimhaltungsvereinbarungen (NDAs) und Joint-Venture-Vereinbarungen, um Rechte, Pflichten, Lizenzgebühren und Streitbeilegungsmechanismen zwischen IP-Eigentümern, Lizenznehmern oder Geschäftspartnern festzulegen.

3. **Durchsetzung und Rechtsstreitigkeiten im Bereich geistiges Eigentum**

Setzen Sie geistige Eigentumsrechte durch Unterlassungsaufforderungen, gerichtliche Verfügungen oder Gerichtsverfahren gegen Rechtsverletzer, Produktfälscher oder nicht autorisierte Benutzer durch, um geistiges Eigentum zu schützen, die Marktintegrität zu wahren und finanzielle Interessen zu wahren.

Fallstudien

Fallstudie 1: Patentportfolio eines Technologie-Startups

Profil des Gründers: Technologieunternehmer mit einem Patentportfolio in den Bereichen Softwarealgorithmen, mobile Anwendungen und Cloud-Computing-Lösungen.

Strategie: Entwicklung innovativer Softwareprototypen, Durchführung von Patentrecherchen und Einreichung von Patentanträgen zum Schutz technologischer Erfindungen. Monetarisierung von Patenten durch Lizenzvereinbarungen mit Technologieunternehmen, OEM-Partnerschaften und IP-Lizenzgebühren aus Softwarelizenzen.

Ergebnis: Erzielung passiver Einkünfte aus Patentlizenzen, Erlangung von Marktanerkennung für technologische Innovationen und Erweiterung des IP-Portfolios durch kontinuierliche F&E-Investitionen und strategische IP-Managementstrategien.

Die Entwicklung geistigen Eigentums bietet Einzelpersonen und Unternehmen die Möglichkeit, passives Einkommen zu erzielen, innovative Ideen zu schützen und Marktchancen durch Patente, Marken, Urheberrechte und Geschäftsgeheimnisse zu nutzen. Indem sie Kreativität fördern, Innovationen begrüßen und geistige Eigentumsrechte strategisch einsetzen, können Urheber ihre Einkommensströme diversifizieren, finanzielle Unabhängigkeit erreichen und durch die Entwicklung geistigen Kapitals zum Wirtschaftswachstum beitragen.

Kapitel 18: Automatisieren und Verwalten von Einkommensströmen

Die Automatisierung und Verwaltung von Einkommensströmen ist unerlässlich, um das passive Einkommenspotenzial zu maximieren, die finanzielle Effizienz zu optimieren und langfristige finanzielle Freiheit zu erreichen. In diesem Kapitel werden Automatisierungsstrategien, Finanzmanagementtools, Anlageplattformen, Methoden zur Verfolgung passiver Einkünfte, Risikomanagementtechniken und Fallstudien zur erfolgreichen Automatisierung von Einkommensströmen untersucht.

Einführung in die Automatisierung von Einkommensströmen

Bei der Automatisierung von Einkommensströmen werden Technologien, Finanztools und strategische Prozesse eingesetzt, um die Umsatzgenerierung zu optimieren, manuelle Eingriffe zu minimieren und passive Einkommensmöglichkeiten zu maximieren. Durch die Automatisierung von Routineaufgaben, die Verwaltung diversifizierter Einkommensquellen und die Umsetzung effizienter Finanzstrategien können Einzelpersonen ihre Produktivität steigern, Betriebskosten senken und sich auf Vermögensaufbau und finanzielle Unabhängigkeit konzentrieren.

Warum Einnahmequellen automatisieren?

1. **Effizienz und Skalierbarkeit**: Optimieren Sie die Prozesse zur Einkommensgenerierung, automatisieren Sie sich wiederholende Aufgaben und skalieren Sie passive Einkommensströme über verschiedene Anlageportfolios, Geschäftsvorhaben oder digitale Vermögenswerte hinweg.

2. **Zeitliche Freiheit**: Reduzieren Sie den Zeitaufwand für manuelle Aufgaben,

Verwaltungsaufgaben oder Betriebsführung, sodass sich die Mitarbeiter auf ihre persönliche Entwicklung, unternehmerische Aktivitäten oder Freizeitaktivitäten konzentrieren können.

3. **Risikominderung**: Implementieren Sie Risikomanagementstrategien, überwachen Sie die Anlageperformance und diversifizieren Sie Einkommensquellen, um finanzielle Risiken, Marktschwankungen oder wirtschaftliche Unsicherheiten zu mindern, die sich auf passive Einkommensströme auswirken.

4. **Finanzielle Unabhängigkeit**: Erreichen Sie finanzielle Ziele, Vermögensaufbauziele und langfristige finanzielle Stabilität durch automatisierte Einkommensströme, diversifizierte Anlagestrategien und nachhaltige Vermögensverwaltungspraktiken.

Strategien zur Automatisierung von Einnahmequellen

1. **Investitionen mit passivem Einkommen**

Automatisieren Sie Dividenden-Reinvestitionspläne (DRIPs), automatisierte Aktienhandelsalgorithmen oder Robo-Advisor-Plattformen, um Anlageportfolios zu verwalten, die Vermögensallokation neu auszugleichen und Dividenden, Zinserträge oder Kapitalgewinne automatisch zu reinvestieren.

2. **Digitales Unternehmertum**

Nutzen Sie E-Commerce-Plattformen, Online-Marktplätze oder abonnementbasierte Dienste, um den Verkauf digitaler Produkte, wiederkehrende Einnahmequellen oder Mitgliedschaftsabonnements durch automatisierte Zahlungsabwicklung, Kundenabrechnung und Auftragserfüllungssysteme zu automatisieren.

3. **Immobilieninvestitionen**

Setzen Sie Immobilienverwaltungssoftware, Mietobjektverwaltungsplattformen oder automatisierte Mieterüberprüfungsdienste ein, um die Mieteinnahme, die Immobilienwartung, die Mietverträge und die Finanzberichterstattung für Wohn- oder Gewerbeimmobilien zu optimieren.

4. **Affiliate-Marketing und Online-Werbung**

Integrieren Sie Affiliate-Marketing-Netzwerke, leistungsbasierte Werbeplattformen oder automatisierte Anzeigenplatzierungsdienste, um digitale Inhalte, Website-Verkehr oder Follower in sozialen Medien durch passives Einkommen aus Affiliate-Provisionen, Display-Werbung oder gesponserten Content-Partnerschaften zu monetarisieren.

Tools und Plattformen für das Finanzmanagement

1. **Budgetierung und Ausgabenverfolgung**

Nutzen Sie persönliche Finanz-Apps, Budgetierungssoftware oder Tools zur Ausgabenverwaltung, um Einkommensquellen zu verfolgen, Ausgabegewohnheiten zu überwachen, Ausgaben zu kategorisieren und das Cashflow-Management für eine effiziente Finanzplanung und Vermögensbildung zu optimieren.

2. **Investitionsverfolgung und Portfoliomanagement**

Nutzen Sie Investment-Tracking-Software, Portfoliomanagement-Tools oder Finanz-Dashboards, um die Vermögensentwicklung zu überwachen, Anlagekennzahlen zu analysieren, passive Einkommensströme zu verfolgen und Strategien zur Portfoliodiversifizierung zu bewerten, um fundierte Anlageentscheidungen zu treffen.

3. **Automatisierte Spar- und Ruhestandsplanung**

Automatisieren Sie wiederkehrende Spareinlagen, Beiträge zu Altersvorsorgekonten oder vom Arbeitgeber gesponserte Altersvorsorgepläne (z. B. 401(k), IRA) durch automatische Lohnabzüge, direkte Einzahlungen oder automatische Überweisungsdienste, um langfristigen Wohlstand, Altersvorsorge und finanzielle Sicherheit aufzubauen.

4. **Steuermanagement und Compliance**

Verwalten Sie Steuerverbindlichkeiten, maximieren Sie Steuerabzüge und automatisieren Sie Steuererklärungsprozesse mithilfe von Steuererklärungssoftware, Tools zur Finanzbuchhaltung oder Online-Steuererklärungsdiensten, um die Einhaltung von Steuervorschriften sicherzustellen und steuereffiziente Strategien für passives Einkommen zu optimieren.

Passives Einkommens-Tracking und Leistungsmetriken

1. **Diversifizierung der Einkommensströme**

Diversifizieren Sie passive Einkommensquellen über mehrere Anlagevehikel, Geschäftsvorhaben oder digitale Vermögenswerte, um Risiken zu mindern, Einnahmequellen zu optimieren und durch diversifizierte Einkommensquellen eine konstante Einkommensgenerierung zu erzielen.

2. **Leistungsanalyse und -überwachung**

Überwachen Sie Leistungskennzahlen für passives Einkommen, verfolgen Sie die Kapitalrendite, analysieren Sie Finanzkennzahlen und vergleichen Sie die Leistung von Einkommensströmen mit Branchenstandards oder Marktbenchmarks, um die Rentabilität zu beurteilen, Wachstumschancen zu erkennen und die Portfolioleistung zu optimieren.

3. **Risikobewertung und -minimierung**

Implementieren Sie Strategien zum Risikomanagement, diversifizieren Sie die Vermögensallokation und sichern Sie sich gegen Marktvolatilität, Konjunkturabschwünge oder geopolitische Risiken ab, die sich auf passive Einkommensinvestitionen, Geschäftsabläufe oder digitale Unternehmerprojekte auswirken könnten.

Fallstudie zur erfolgreichen Einkommensstrom-Automatisierung

Fallstudie 1: Investor mit passivem Einkommen

Anlegerprofil: Passiver Einkommensinvestor mit diversifizierten Anlageportfolios, Immobilienbeständen und digitalen Vermögenswerten, die wiederkehrende Einkommensströme generieren.

Strategie: Automatisierte Dividenden-Reinvestitionspläne (DRIPs), Nutzung von Robo-Advisor-Plattformen für automatisiertes Portfoliomanagement und Nutzung von Mietobjektverwaltungssoftware für automatisiertes Erfassen von Mieteinnahmen und Objektwartung.

Ergebnis: Erreichen passiver Einkommensziele, finanzielle Unabhängigkeit durch diversifizierte Einkommensströme und optimierte Strategien zum Vermögensaufbau durch automatisierte Tools zur Anlageverwaltung und Finanzplanung.

Die Automatisierung und Verwaltung von Einkommensströmen ist entscheidend, um finanzielle Freiheit zu erreichen, das passive Einkommenspotenzial zu optimieren und durch diversifizierte Anlagestrategien, digitale Unternehmerprojekte und innovative einkommensgenerierende Aktivitäten nachhaltigen Wohlstand aufzubauen. Durch den

Einsatz von Automatisierungstechnologien, die Nutzung von Finanzmanagementtools und die Umsetzung strategischer Strategien für passives Einkommen können Einzelpersonen die Umsatzgenerierung optimieren, finanzielle Risiken mindern und den Fortschritt in Richtung finanzielle Unabhängigkeit beschleunigen.

Abschluss

Beim Streben nach finanzieller Freiheit und Vermögensaufbau spielt die Nutzung passiver Einkommensströme eine entscheidende Rolle bei der Diversifizierung der Einkommensquellen, der Generierung wiederkehrender Einnahmen und der Erreichung langfristiger finanzieller Stabilität. In diesem umfassenden Leitfaden haben wir verschiedene Strategien für passives Einkommen, Investitionsmöglichkeiten, unternehmerische Unternehmungen und kreative Bemühungen untersucht, die auf die Schaffung mehrerer passiver Einkommensströme abzielen.

Zusammenfassung der passiven Einkommensströme

Passive Einkommensströme sind Einkommensquellen, die nach ihrer Einrichtung nur minimalen laufenden Aufwand oder aktive Beteiligung erfordern. Im Gegensatz zu aktivem Einkommen aus traditioneller Beschäftigung ermöglicht passives Einkommen Einzelpersonen, kontinuierlich Geld zu verdienen, sogar während sie schlafen, reisen oder anderen Interessen nachgehen. Die wichtigsten passiven Einkommensströme, die in diesem Leitfaden behandelt werden, sind:

1. **Immobilieninvestitionen**: Investition in Mietobjekte, Immobilien-Crowdfunding-Plattformen oder Real Estate Investment Trusts (REITs), um Mieteinnahmen, Wertsteigerungen der Immobilie und passiven Cashflow zu generieren.

2. **Dividendenaktien und -investitionen**: Besitz dividendenzahlender Aktien, Indexfonds oder ETFs, die regelmäßige Dividenden ausschütten und durch Investitionen an der Börse eine langfristige Kapitalsteigerung bieten.

3. **Digitales Unternehmertum**: Erstellen und Verkaufen digitaler Produkte (z. B. E-Books, Online-Kurse, Software), Starten von E-Commerce-Unternehmen oder Monetarisieren von Websites durch Affiliate-Marketing, Werbeeinnahmen und Mitgliedsbeiträge.

4. **Entwicklung geistigen Eigentums**: Entwicklung von Patenten, Marken, Urheberrechten oder Geschäftsgeheimnissen zum Schutz innovativer Ideen, kreativer Werke oder urheberrechtlich geschützter Erfindungen und Monetarisierung des geistigen Eigentums durch Lizenzvereinbarungen, Lizenzgebühren oder Produktkommerzialisierung.

5. **Automatisierte Einkommensströme**: Nutzung von Automatisierungstechnologien, Finanzmanagement-Tools und Anlageplattformen, um die Generierung passiver Einkommen zu rationalisieren, diversifizierte Einkommensquellen zu verwalten und die finanzielle Effizienz zu optimieren.

Einblicke in die Schaffung passiven Einkommens

Die Schaffung mehrerer passiver Einkommensströme erfordert strategische Planung, disziplinierte Umsetzung und kontinuierliches Lernen, um mit Marktdynamik, Konjunkturschwankungen und sich entwickelnden Verbraucherpräferenzen umzugehen. Hier sind wichtige Erkenntnisse für Leser, die passives Einkommen schaffen und maximieren möchten:

1. **Diversifikation ist der Schlüssel**: Diversifizieren Sie Einkommensströme über verschiedene Anlageklassen, Branchen oder Geschäftsmodelle, um Risiken zu mindern, Einnahmequellen zu optimieren und Marktchancen zu nutzen.

2. **Strategische Investition und Risikomanagement**: Führen Sie gründliche Recherchen, Due Diligence und Risikobewertungen durch, bevor Sie in passive

Einkommensmöglichkeiten, Geschäftsvorhaben oder Finanzanlagen investieren, um die Investitionsrisiken zu minimieren und die Rendite zu maximieren.

3. **Kontinuierliches Lernen und Anpassen**: Bleiben Sie über Branchentrends, technologische Fortschritte und regulatorische Änderungen informiert, die sich auf passive Einkommensströme auswirken, um Strategien anzupassen, Geschäftsmodelle zu erneuern und neue Chancen zu nutzen.

4. **Langfristiger Vermögensaufbau**: Konzentrieren Sie sich auf den Aufbau nachhaltigen Vermögens, das Erreichen finanzieller Unabhängigkeit und die Sicherung zukünftiger finanzieller Ziele durch konsequentes Sparen, umsichtige Investitionen und strategische Strategien für passives Einkommen.

5. **Finanzielle Freiheit durch passives Einkommen**: Begeben Sie sich auf den Weg

zur finanziellen Freiheit, indem Sie passive Einkommensströme als Mittel zum Vermögensaufbau, zur Flexibilität Ihres Lebensstils und zur persönlichen Verwirklichung nutzen.

Erfolgsbeispiele

In diesem Leitfaden haben wir reale Fallstudien und Beispiele erfolgreicher Einzelpersonen, Unternehmer und Investoren untersucht, die durch diversifizierte Strategien für passives Einkommen finanzielle Unabhängigkeit erreicht haben:

- **Immobilieninvestoren**: Nutzung von Mietobjekten, Immobiliensyndizierungen oder Immobilienverwaltungsplattformen, um passive Mieteinnahmen zu generieren und eine Portfoliodiversifizierung zu erreichen.

- **Dividendenanleger**: Vermögensaufbau durch dividendenzahlende Aktien, Dividenden-Reinvestitionspläne (DRIPs) und

Dividendenwachstums-Anlagestrategien, um Vermögen anzuhäufen und finanzielle Ziele zu erreichen.

- **Digitale Unternehmer**: Aufbau profitabler Online-Unternehmen, E-Commerce-Shops oder digitaler Content-Plattformen zur Monetarisierung digitaler Produkte, Affiliate-Marketing und Werbeeinnahmen.

- **IP-Ersteller**: Entwicklung innovativer Patente, Marken oder urheberrechtlich geschützter Werke zum Schutz geistigen Eigentums und zur Generierung passiver Einkünfte durch Lizenzvereinbarungen, Lizenzgebühren oder Produktverkäufe.

- **Betreiber automatisierter Einkommensströme**: Implementierung von Automatisierungstechnologien, Finanzmanagementtools und Strategien für passives Einkommen, um die Umsatzgenerierung zu rationalisieren,

Investitionen zu verwalten und die finanzielle Effizienz zu optimieren.

Zum Abschluss dieses Leitfadens zu passiven Einkommensströmen ist es wichtig zu erkennen, dass das Erreichen finanzieller Freiheit Hingabe, Ausdauer und die Bereitschaft zur kontinuierlichen Verbesserung erfordert. Durch die Diversifizierung der Einkommensquellen, die Nutzung innovativer Möglichkeiten und den Einsatz von Automatisierungstechnologien können Einzelpersonen nachhaltigen Wohlstand aufbauen, ihre finanziellen Ziele verwirklichen und einen Lebensstil der finanziellen Unabhängigkeit genießen.

Egal, ob Sie sich zum ersten Mal auf den Weg zum passiven Einkommen begeben oder Ihr bestehendes Portfolio an Einkommensströmen erweitern möchten, denken Sie daran, dass jede passive Einkommensstrategie sorgfältige Planung, disziplinierte Umsetzung und eine langfristige Perspektive erfordert. Indem Sie die

Erkenntnisse, Strategien und praktischen Ratschläge aus diesem Leitfaden anwenden, können Sie proaktiv Schritte unternehmen, um mehrere passive Einkommensströme zu schaffen, Ihre finanzielle Zukunft zu sichern und den Weg zu dauerhaftem Wohlstand freizumachen.

Finanzielle Freiheit erwartet diejenigen, die es wagen zu träumen, sorgfältig zu planen und entschlossen zu handeln. Beginnen Sie noch heute Ihre Reise zum passiven Einkommen und befähigen Sie sich selbst, ein Leben in Fülle, Sicherheit und Erfüllung zu führen.

Danksagung

Das Schreiben eines umfassenden Leitfadens zum Thema „Passive Einkommensströme: Schaffung mehrerer Einkommensquellen für finanzielle Freiheit" war eine Reise, die durch die Unterstützung, Anleitung und Beiträge vieler Einzelpersonen und Ressourcen bereichert wurde. Ich möchte allen, die dazu beigetragen haben, dieses Projekt zu ermöglichen, meinen herzlichsten Dank aussprechen.

Zuallererst bin ich meiner Familie für ihre unermüdliche Unterstützung, Ermutigung und ihr Verständnis während der Recherche, der Konzeption und des Schreibens dieses Buches zutiefst dankbar. Ihre Geduld und ihr Glaube an mich haben maßgeblich dazu beigetragen, dieses ehrgeizige Unterfangen zum Erfolg zu führen.

Ich bin dem Team von King's Media für sein Fachwissen, seine Professionalität und seinen Enthusiasmus dankbar, mit dem es dieses Buch der Öffentlichkeit zugänglich gemacht hat. Besonderer Dank gilt den Herausgebern für ihre unschätzbaren Erkenntnisse, ihre sorgfältige Bearbeitung und ihr konstruktives Feedback, die die Klarheit und Kohärenz des Inhalts erheblich verbessert haben.

Ich möchte den Experten, Unternehmern und Investoren meinen Dank aussprechen, deren Erkenntnisse und Erfahrungen die Kapitel dieses Buches bereichert haben. Ihre Bereitschaft, Wissen, Beispiele aus der Praxis und Erfolgsgeschichten zu teilen, hat den Lesern praktische Anleitung und Inspiration auf ihrem eigenen Weg zur finanziellen Freiheit gegeben.

Ich möchte außerdem den akademischen und professionellen Communities danken, deren Forschung, Veröffentlichungen und Bildungsressourcen als Grundlage für das Verständnis von Strategien für passives Einkommen, Anlageprinzipien und Praktiken des Finanzmanagements gedient haben.

Zu guter Letzt danke ich den Lesern und Unterstützern dieses Buches. Ihr Interesse, Feedback und ihre Begeisterung für passive Einkommensströme und finanzielle Unabhängigkeit haben mich motiviert, einen umfassenden und informativen Leitfaden zu verfassen.

Dieses Buch ist allen gewidmet, die nach finanzieller Freiheit, Selbstbestimmung durch Wissen und einer Zukunft voller Wohlstand streben. Möge es Ihnen als wertvolle Ressource und Leitfaden auf Ihrem Weg zur Schaffung mehrerer Einkommensquellen und zur Erlangung der finanziellen Unabhängigkeit dienen, die Sie verdienen.

Danke schön.

www.ingramcontent.com/pod-product-compliance
Lightning Source LLC
Chambersburg PA
CBHW071911210526
45479CB00002B/372